多巴胺的囚徒

网络时代自我价值的迷失

董光恒 著

清华大学出版社

北京

图书在版编目（CIP）数据

多巴胺的囚徒：网络时代自我价值的迷失 / 董光恒著. -- 北京：清华大学出版社，
2025. 10. -- ISBN 978-7-302-70226-9

I. B84-49

中国国家版本馆 CIP 数据核字第 2025DT6916 号

责任编辑：王如月
封面设计：于　芳
责任校对：王荣静
责任印制：丛怀宇

出版发行：清华大学出版社
　　　　网　　　址：https://www.tup.com.cn, https://www.wqxuetang.com
　　　　地　　　址：北京清华大学学研大厦 A 座　　邮　　编：100084
　　　　社 总 机：010-83470000　　　　邮　　购：010-62786544
　　　　投稿与读者服务：010-62776969, c-service@tup.tsinghua.edu.cn
　　　　质量反馈：010-62772015, zhiliang@tup.tsinghua.edu.cn
印 装 者：艺通印刷（天津）有限公司
经　　销：全国新华书店
开　　本：145mm×210mm　　印　　张：7.625　　字　　数：150 千字
版　　次：2025 年 10 月第 1 版　　印　　次：2025 年 10 月第 1 次印刷
定　　价：69.00 元

产品编号：105777-01

引 子

尼采的打字机
——工具改变思维

一、尼采写作文风的改变

1882 年，曾经呼喊"上帝死了"的哲学狂人尼采（Friedrich W. Nietzsche），自己却差点"死"了！不光是身体上，还包括思想上。

这一年，尼采的视力严重下降，只要他将眼睛专注于某个东西，包括读书和写作，就会感到十分疲倦和痛苦，还常常伴有剧烈的头痛。视力下降让他的读书和写作都受到严重影响，工作几乎停滞不前。对一个以读书、写作为生的学者来说，眼睛是他输入和输出信息的枢纽，无法长时间用眼的惩罚是致命的，这会彻底中断他的学术生涯。

这种痛苦折磨着尼采，让他痛不欲生。

幸运的是，当时飞速发展的科技给了尼采一次补救的机会——打字机发明了。为了防止自己会因眼盲而无法写作，一向对新发明不太感兴趣的尼采不得不改变思路，花巨资从德国发明家汉森（Malling Hansen）那里购买了一台球形打字机。这种打字机像扎满针管的半个西瓜，打字时就像理发店的洗头小哥，手指张开在头上抓抓挠挠。它和我们后来见到的打字机还是有所区别的，这种打字机只是现代打字机的雏形，当时即便是在发明它的德国，也很少有人在使用它。

最初，尼采认为自己不可能驾驭这么复杂的设备，习惯用笔写作几十年，用不了这么复杂的设备。但事实上，尼采很快便熟练掌握了如何使用这台打字机。为了不伤害眼睛，他甚至可以完全不看键盘闭着眼盲打，创作时像一个陶醉在自己音乐里的钢琴师，在打字机响声中，飘出了悠扬悦耳的音符。

尼采对打字机很是满意！他对打字机的态度发生巨大变化，从最开始的抵触到后来见人就夸，大加赞扬，到处宣扬自己是用打字机来"写作"的，并称打字机有益于写诗。

比如，他写道：

每一个不曾起舞的日子，都是对生命的辜负。（Verloren sei uns der Tag, wo nicht ein Mal getanzt wurde。）

直到有一天，一位熟悉尼采写作风格的朋友发来一封信。这位朋友说，他发现在尼采近期的作品中，以往那种长篇大论的深度思辨明显减少，短小精悍的警句和箴言在不断增多，作品有从深奥晦涩难懂向短小精悍鸡汤文转变的趋势。有人甚至这样形容改用打字机后尼采文风的变化："从争辩变成了格言，将思索变为一语双关，从繁复论证变成了简洁的电报式风格。"

难道这一变化与尼采使用打字机有关？是打字机改变了尼采的文风吗？尼采用打字机回复说："你是对的，我的写作工具似乎也参与了我思想的形成过程。"

不但如此，在尼采眼里，这个球型打字机不仅是个"像我一样的东西"，而且正使尼采变成一个"像它一样的东西"。尼采的思维正逐渐被他写作的工具改变[1]。

尼采开始有点困惑，认为自己意志力不强。但一个作曲家朋友写信安慰尼采说这很正常，因为自己写曲子时，风格经常因纸和笔的特性不同而改变。

不光尼采，大作家艾略特（Thomas S. Eliot）对打字机的使用也有类似的体验。他在1916年致康拉德·艾肯（Conrad Aiken）的信中写道："用打字机写作的时候，我发现自己正在抛弃过去钟爱的长句，而用更多简短、不连贯的句子，就像现代法语散文似的。使用打字机有利于文章清晰明朗，不过我可不敢肯定它能使行文微妙深奥。"他们逐渐成了打字机的铁粉，后来的打字机粉丝还包括马克·吐温（Mark Twain）、海明威（Ernest M. Hemingway）、福克纳（William Faulkner）、辛格（Isaac B. Singer）、黑塞（Hermann Hesse）等。

当然，也有打字机黑子，最著名的当属海德格尔（Martin Heidegger）。在他看来，打字机形成的文字是手通过简单的按压"打"出来的，而手写的文字是从人的思想中"流"出来的。相较于打字机，笔能更好地与手融为一体，从而更流畅地表达思想。海德格尔在写作中十分排斥打字机，部分原因是他的打字水平太差，他的打字水平始终停留在"一指禅"的阶段，难以体会到十个手指在键盘上翻飞的爽快感。

尼采使用打字机的事例表明，虽然工具是人类通过思维和智慧发明出来的，但反过来，工具的发明也可以塑造甚至改变一个人的思维方式。神经科学的研究也证明，大脑是行为的源泉，反过来，大脑也被它自身产生的行为塑造着。行为和大脑的这一动态循环过程会影响我们的认知、学习以及大脑可塑性等方方面面。

二、工具改变思维

尽管很多人对过去的"车、马、邮件都慢，一生只够爱一人"的生活十分向往，但我们必须面对的现实是：我们回不去了。

当前，我们已经全面进入了网络化和数字化的时代。对于书写，打字机也早已经成为极少应用的东西，取而代之的是键盘输入、手写输入、语音输入等与电脑和网络相关的文字产生过程。面对网络和数字时代的洪流，我们该何去何从？是保留那种温情脉脉的依恋，停留在过去熟悉的感受里，还是积极拥抱新的进步，投身于科技的潮流中？我们所能做的，应该是努力抵御住网络那种像洪水袭来一般席卷一切的强大力量，不在其面前丧失基本的判断力，对网络和数字之外的其他可能性依然保持着敞开和接纳的心态。

与打字机对书写的挑战相比，现代人正面临着更大的挑战。互联网已经渗透到生活的方方面面，成为我们生活不可或缺的一部分。我们通过手机看短视频，让电视在年轻人中失去了影响力；我们将自己的经历发在朋友圈，期待着好友的点赞与分享；我们加入某些社群，与万里之外志同道合的网友快乐地交流，却对身边人的问话懒得搭理；我们可以第一时间获取所关心的人和事的信息，并与世界缩小到一个屏幕的距离；我们在网络上建立了一个虚拟的自我，然后沉溺其中不能自拔；等等。

网络呈现的特征已经改变了我们的行为。比如，很多人的工作状态是这样的：身体坐在办公桌前，眼睛看着面前的作业，耳朵里听着音乐，在电脑或手机即时通信软件里不时和朋友聊着天，时而还会翻看一下好友朋友圈的更新。我们习惯同时做多个任务，且多个任务能够做到平行推进。

越来越多的人每天花数个小时从事与网络相关的活动，且乐此不疲。在老一辈人看来，我们表现出典型的做事不专心特征。他们不知道的是，我们的思维方式已经被网络生活重新塑造，甚至在一定程度上已经适应了这种生活方式。专注于一件事反而让很多人感觉很不自在，仿佛被不断翻新的内容舍弃，错过重要的信息。

网络产品还导致出现一些与网络相关的心理障碍。随着各类新奇的电子产品推向市场，过度使用网络媒体和科技软件带来一些心理障碍的症状，比如精神长时间高度紧张，睡眠不足，对网络信息更新的强迫行为，等等。网络已经渗透进生活的方方面面，它潜移默化地改变着我们的思维和生活方式。

生活在网络世界的人们缺乏安全感，缺乏隐私。摄像头无处不在，从学校、企业、银行、超市，到任意一个路口，人们的一切活动都在被记录着；手机的便利性和相机的微型化，使得偷拍成本极低且极其难以防范。它一方面可以警示那些生活不自制的人，尤其是能够产生巨大社会影响的社会名流检点自己的言行举止。最近两年频繁曝出的名人"新闻"已经让吃瓜群众消化不良。但另一方面也的确造成了许多普通人心理上的恐慌，因为在众多的"作品"中，主角并不都是名人。一个普通人随时随地都可能进入那些无聊的喜欢偷拍者的"法眼"。生活在这样一个没有安全感的社会里，是不是人类的悲哀？

如同打字机影响着思维一样，互联网的这些产品也已经深刻影响着我们的思考和行为方式，甚至改变着我们的世界观和价值观。不知道如果尼采生在网络社会，他的被网络改造后的文章会呈现什么样的风格？

三、网络工具的迅速发展

网络让人逐渐丧失作为人的自然天性，成为一串数字和符号。人们渐渐习惯生活在虚拟世界里，因为这里更能满足自己的欲望和幻想，实现着在现实世界里无法实现的愿望。网络成为承载许多空洞寂寞的虚载体，网恋成为许多单身男女不能自拔的游戏，也成为许多有着稳定家庭的男女寻找第二次青春的借口。"一场游戏一场梦"，游戏背后，是灵魂的出壳，是自我的迷失。

人类文明的每一次进步都要付出代价，有时这种代价还会很惨痛。科学之于社会，本身就是一把双刃剑，我们当然不能因为科学带来诸多负面影响而排斥它。只是，我们在与时俱进的同时，应该审视一下我们自己：现在的我是不是我喜欢的模样？无论在哪个时代，总有些人把握不住自己，化作了历史洪流中的泡影。

人类文明发展至今，经历了三次科技革命的洗礼。三次科技革命极大地改变了世界的面貌，也深刻地影响到人们的思维方式、生活方式。我们在享受科技革命带来的文明的同时，也必须清醒地认识到其带给我们的负面影响。从瓦特改良蒸汽机开始，大规模的环境污染问题凸显，到第二次工业革命时期汽车工业和化学工业的建立使污染问题升级，加速发展的城市化亦带来许多始料未及的问题。今天以信息技术革命为标志的第三次科技革命，对人类社会产生的负面影响与它产生的积极影响一样，深入人类生活的方方面面。它不仅在改变着世界的面貌，也在改变着每个人的面貌。

最新的互联网产品利用声光电等刺激的加持，加上产品在设计过程中对人类基本生理和心理过程的深入解读，产品已经充分理解了人类思维的规律和人性的弱点。产业借此设计出更加符合人类需求、更具有吸引力的内容和产品，以吸引我们将更多的时间和注意力分配到相应产品中。

于是，网络及网络产品让注意力资源成为紧缺资源。"注意力经济"的根本特征就是要争夺人类有限的注意力资源。人类醒着的时间是有限的，我们的注意力更是有限，比如选择用来看视频就不能打游戏，关注网络购物就可能忽略网络社交。

时间的有限性就促使各类网络应用施展自身的优势，拼命争夺有限的注意力资源。

于是，在这些依据人的心理特征而设计的具有极高吸引力的产品中，不同的产品对有限的注意力展开了激烈的争夺，其结果就是个人的时间已经被各类网络应用充分填充，甚至已经蔓延至工作时间。网络改变了人们对"分开"的理解，也让年轻人失去了"独处"的机会，因为"分开"和"独处"都失去了原来的意义。今天的很多人都生活在"永远在线"状态，尽管在身体上我们是"独处"的，但是在心理上，我们从未"分开"，人们期待着被"打扰"，甚至害怕处在无人"理睬"的状态。

在这种看似充实的外表下，隐藏着的却是自身思考时间的缺失。我们以为自己过得很充实，但当我们回过神来，却发现自己过得相当空虚。当我们想改变时，却常常发现身不由己，我们逐渐丧失支配自我行动的能力。每一次挣扎可能带来短暂的认知冲突，当我们焦虑、烦躁的时候又情不自禁地打开网络，于是我们又被吸引进去。如此循环直到我们放弃反思，没有了空虚的机会。

四、网络中谁才是工具？

网络的各类应用差异很大，不同的产品服务于不同的需求。它们的特点、对人的影响都存在着很大的差异。因此，很难用一个统一的理论来解释和归纳它们之间的特征。下面我们将挑出一些极具代表性的网络产品进行逐一分析，展示它们如何让人陷入"多巴胺的囚徒"这一困境，如何让人一步步深陷其中却满心欢喜，以为自己充分利用了科技的便利。殊不知，我们错误高估了自己在这一过程中的地位，没有明白谁才是主人，谁才是工具。

参考文献

[1] IHDE D. Heidegger's technologies: postphenomenological perspectives [M]. New York: Fordham University Press, 2010.

目 录

CONTENTS

开 篇

快乐分子多巴胺

一、人人都追求快乐

人生在世，谁都希望自己每天过得开心快乐！快乐的情绪能让人更有效率和创造力，大大提升幸福感。

什么时候会快乐呢？很简单，我们盼望了很久的东西或事情，真正拥有的那一刻。比如，用攒了很久的钱买了自己最喜欢的衣服；追了很久的男／女神终于答应你出去吃饭；吃了一顿仰慕已久的美味大餐；成功实现了自己设定的短期或长期目标；加薪、晋升或受到了表扬；完成一项惊险的挑战等。

在达到目标或拥有事物的那一刻，我们内心充满喜悦，感觉到愉悦和满足，仿佛整个世界都被温柔以待。

但是，这些很想要的东西，一旦真的拥有了，它们的吸引力就会迅速降低，让我们没有那么兴奋和渴望了。比如，初入恋爱的情侣们是兴奋和甜蜜的，两双幸福的眼睛盯着对方，感觉对方是那么完美无缺，连缺点都能看成优点。但是，当新鲜感褪去之后，原来的兴奋感开始降低，开始觉察到对方的缺点和不足，争吵和矛盾也会逐渐上升。又如，原先给自己设定过某个目标，达到目标之后会很开心，但没过多久就会感到乏味且缺乏刺激，又想追求更高的目标。

这些行为选择的背后，本是我们一种自然而然的生理反应：有一种神奇的化学物质对我们的大脑施加着影响，让我们不断追求"更多""更好""更新奇"。这种物质非常简单，它只包含碳、氢、氧、氮四种元素，却能让我们追求梦想，让我们痴迷甚至上瘾，能让我们头脑发热，心跳加速，追求短暂的刺激；能让我们为了马上获得它而不顾未来可能出现的风险。

这种物质就是多巴胺（Dopamine）。

二、多巴胺的发现与作用

对很多人来说，多巴胺并不是一个陌生的名字！1957年，英国科学家凯瑟琳·蒙塔古首先在大脑中发现了多巴胺。次年，瑞典科学家阿尔维德·卡尔森发现，多巴胺能在神经系统中传递信号。科学家们给多巴胺起名为"快乐分子"，因为他们发现，随着体内多巴胺含量的增多，人会获得快乐的体验。虽然在人脑中，只有大约百万分之五的脑细胞能产生多巴胺，但它对人的行为和习惯的影响却是巨大的。

从生理上讲，多巴胺是大脑中的一种神经传导物质（生理学上称为神经递质）。在漫长的人类演化过程中，每当人类的祖先获取到食物或做出有利于人类生存繁衍的举动，大脑就会分泌多巴胺而产生强烈的满足感。这种满足感在神经元的层面将这些行为与快乐建立起联系，促使人们再次做出类似的寻找行为。因此，多巴胺更像是一个传达快乐的信使，告诉你这么做能带来快乐，所以你要多去这么做。

在现代人类社会中，多巴胺同样扮演着强化行为的角色。比如，当玩游戏得到了高分、学会了一项新技能、完成了一项挑战等同样都会让人分泌多巴胺。它会在你每做"对"一件事情之后，给你一点愉悦体验作为奖励。所谓"对"，就是对生存和繁衍有利。好的食物可以促使人更好地生存；和异性结合可以提升繁衍后代的概率；在社会中占据优势会让我们生存得更好，有利于生存和繁衍。

总体上来说，能让人获得愉悦体验的事情主要包含三类：①基本需求的满足，比如饿了就要吃，渴了就要喝；②享受奖励的过程，当我们千辛万苦得到食物后开始享用时的满足感；③精神层面的愉悦，即得到鼓励和赞许等。因此，能让人获得愉悦体验的不仅是物质奖励，还包含精神层面的奖赏。

这些奖励过程都会让我们体验到多巴胺分泌带来的愉悦。但分泌多巴胺不是无条件的，它的目的就是塑造我们的行为，因为我们的行为会因后果（奖励或惩罚）而进行调整——如果某种行为经常受到奖励，我们就经常去做，反之则会减少。假如某天我们旅游的时候误入一个原始部落，他们把我们抓起来关到一个笼子里。长时间不吃饭让我们饿得头晕眼花，但受制于语言不通而无法跟原始部落的人交流。这时，我们努力施展各类肢体动作，试图告诉原始人我们的想法，包括蹦跳、大声喊叫等。这时，原始人突然扔进来一个苹果。吃完苹果后你拼命思考刚才做了哪个动作才获得这种奖励。蹦跳，没有；大喊，没有；原地转圈，果然，你又获得了一个苹果。经过几次重复后，你明白了转圈和获得苹果之间的关系。这个"苹果"的奖励让我们深刻地记住了转圈这个行为是"有用"的、是可以获得奖励的，以后在需要的时候就会完美地重复它。

人类的行为通常比"原地转圈获得苹果"要复杂得多！于是，我们的大脑进化出了一套神经网络来计算各种因素的优劣，以权衡不同行为背后的利弊得失。这个大脑网络就称为"奖赏系统"。奖赏系统不但鼓动你初次获得愉悦的行为，而且还努力确保你以后会重复这个行为。比如，每次饱餐都让你感觉幸福满满，那么你很容易就想再吃一次。

但是，这种人类自带的"奖赏机制"是十分吝啬的，我们通常需要付出一定的努力和等待才能获得；并且这种奖励通常也比较轻微，给我们愉悦体验的强度不大且往往转瞬即逝。奖赏机制给我们奖励的目的很简单，就是让我们下次还想重复这一行为。这就要求我们在日常生活中必须不断努力，并为获得奖赏系统的青睐而学会忍耐。比如，我们只有学习乐器时间很久才可能勉强弹奏一首能听的曲子；我们运动训练很久才可能在比赛中获得好的名次。这种需要努力很久才能获得的奖励，促使我们成为一直努力工作的人，成为为了未来的奖赏而愿意忍受当前困苦的人。只有我们每个人都这么做，这个社会才得以正常运转，经济得到发展，社会不断进步。

但是，有些药物或行为却能破坏这一规律，我们称之为成瘾性物质或成瘾性行为。成瘾性物质或行为的共同特征就是它们会直接／间接地刺激奖赏系统分泌多巴胺，让人迅速而强烈地产生愉悦感。它打破了通过努力与坚持才能获得奖励的传统模式，让愉悦体验来得简单而直接。比如一系列游戏操作，都可以在极短的时间内产生大量多巴胺，让人获得强烈而持续的愉悦感，而不再需要辛苦的付出和等待。

　　与网络相关的内容，比如网络游戏也具有这一特征。在我们玩游戏的时候，游戏的各类反馈系统让奖赏系统十分活跃，每一次的反馈和成绩都会刺激大脑分泌多巴胺，让玩家体验到持续的快乐。那些长期玩游戏的人，对待奖赏，特别是与游戏相关的奖赏十分敏感。即便只是看到一张游戏图片，网游成瘾者的奖赏系统也会变得非常活跃，产生强烈的渴求感。这种渴求感又诱使人们更多地重复这种行为，以获取更大的欣快感。

三、多巴胺导致"喜欢"与"想要"的分离

　　多巴胺的核心作用是使我们产生"想要（Wanting）"的感觉，比如我想要旅游，我想要打球等。和"想要"意思上很接近的另一个词是"喜欢（Liking）"，比如我喜欢旅游，我喜欢打球。在大多时候，"想要"和"喜欢"是一致的，比如，我喜欢旅游，所以我想要去旅游；我想要打球，因为我喜欢打球。

　　但是，"想要"和"喜欢"是存在差别的，甚至在很多时

候表现出相反的特征。"想要"更多强调你希望得到这个东西，得到它你就快乐。"喜欢"则强调这个东西本身就能带给你快乐，你在享受这个物品本身或事件的过程。一个重度吸烟者"想要"下一支烟，如果长时间无法吸烟就会感到焦虑、难以集中注意力。但是，他一定"喜欢"吸烟吗？不一定！很多老烟民都清楚吸烟对肺部和健康的巨大损害，甚至讨厌烟味和咳嗽。然而，尼古丁成瘾引发的生理依赖和心理渴求，会顽固地驱使他们"想要"点燃下一支烟，这种"想要"常常独立于是否真正"喜欢"吸烟的感受。

人们在接触香烟之后，"想要"和"喜欢"出现逐渐分离的过程[1]：在这一过程中，"想要"的程度迅速上升，而"喜欢"的程度不升反降。这最终造成了"想要"和"喜欢"的分离。

即便不是在成瘾行为中，这一现象依然存在。一项发表在《精神药理学杂志》（Journal of Psychopharmacology）的研究也证实了这一现象[2]。研究者通过内隐联想测验检查了人们对咖啡的"想要"和"喜欢"程度，结果发现在普通咖啡饮用群体（一天一杯或以内）中，"想要"和"喜欢"的程度是差不多的。但是在咖啡重度饮用人群（每天 3 杯以上）中，他们对咖啡的"想要"程度却远远高于"喜欢"，出现了"想要"和"喜欢"的分离。当人们忍不住去买一杯咖啡时，并不一定是因为他喜欢喝咖啡，而是他"想要"喝咖啡。当过度依赖某种产品或行为时，我们的"想要"就开始与"喜欢"产生分离，"想要"的程度逐渐超过"喜欢"，进而驱使我们的动机行为。

"想要"和"喜欢"的分离不光表现在个人体验上，二者在神经反应特征上也存在差异。有研究发现："想要"是由多巴胺控制的；而"喜欢"更多与初级感觉区域和与评估决策相关的大脑前额叶区域相关。多巴胺的作用主要体现在多巴胺系统，它强化我们的"想要"，而不影响我们的"喜欢"。因为多巴胺的目的是"塑造"我们的行为以利于物种的生存和繁衍，而生存和繁衍自有其内在逻辑。在这一过程中，我们是否"喜欢"并不是最重要的因素。

　　再返回上面咖啡的例子。在平常日子里，我们觉察不出"想要"和"喜欢"咖啡的区别，原因是二者是同一个方向的（都是积极情绪体验），只存在程度高低的差异。另外一个原因是，咖啡本不具有极强的成瘾性，它没有被发现对人身体或精神有多大伤害，甚至在一定程度上对人是有益的。比如喝咖啡能够醒脑提神、提高工作效率等。

　　但是，很多时候"想要"和"喜欢"并不是同一方向的，特别是当"想要"的东西是我们"不喜欢"的。如"暴食症"患者，他们吃严重超过身体需要的食物，不吃就感觉难受，只有吞咽的过程才能给他们带来快乐。但是，由于过量摄入，体重超标，各项生理指标都处于危险边缘。很多人都认识到这样会带来负面的后果，他们为此十分苦恼，甚至不断寻求消化科医生和精神科医生的帮助。他们对过度饮食早已不是"喜欢"，而是"苦恼"，但是他们的"想要"却不断要求他们寻求食物，因为在吞咽的过程中会产生多巴胺，带来短暂的愉悦。

现代社会产生了在自然需求之外使"喜欢"和"想要"分离的东西：成瘾类产品。商家通过洞悉人类生理机制和心理规律，设计出能诱发"想要"行为的产品，使消费者无论是否"喜欢"，都忍不住"想要"的冲动。特别是网络相关产品，正通过各种手段刺激我们在应用它时分泌多巴胺，体验到愉悦情绪，产生更多"想要"的行为冲动。这种冲动如洪水一样淹没了"喜欢"的波纹进而影响着我们的行为选择。比如很多的游戏玩家，由于长时间在网上打游戏，某些游戏场景已经经历过很多次，玩家对其早已缺乏新鲜感，可以说玩家对它已经不再"喜欢"，但是，他们还是忍不住"想要"去重复经历的冲动，因为这里的某些场景会刺激多巴胺分泌。

比如，网络游戏提供了一种新颖的休闲娱乐形式，深受玩家的"喜欢"。但是，它同时也导致很多玩家深陷其中而不能自拔，并发展为网络游戏成瘾。研究者探索了游戏成瘾玩家在面对游戏刺激时的反应特征，结果发现，他们尽管对游戏表现出"想要"的特征，想要更多的时间去游戏，但是他们内心已经不再"喜欢"游戏。也就是说，在理性上，他们能认识到游戏的危害，对游戏有一定的抗拒心理，但是在生理上，多巴胺会驱动他们继续游戏行为[3]。

不但在游戏行为上，这一特征在贪食症、短视频依赖以及社交依赖等行为上也广泛存在。

参考文献

[1] BERRIDGE K C., ROBINSON T E. Liking, wanting and the incentive-sensitization theory of addiction [J]. American psychologist, 2016, 71(8): 670–679.

[2] KORANYI N, BRÜCKNER E, JÄCKEL A, et al. Dissociation between wanting and liking for coffee in heavy drinkers [J]. Journal of psychopharmacology, 2020, 34(12):1350-1356.

[3] MA X., WANG M., ZHOU W., et al. Wanting-liking dissociation and altered dopaminergic functioning: similarities between internet gaming disorder and tobacco use disorder [J]. Journal of Behavioral Addictions, 2024, 13(4):1-14.

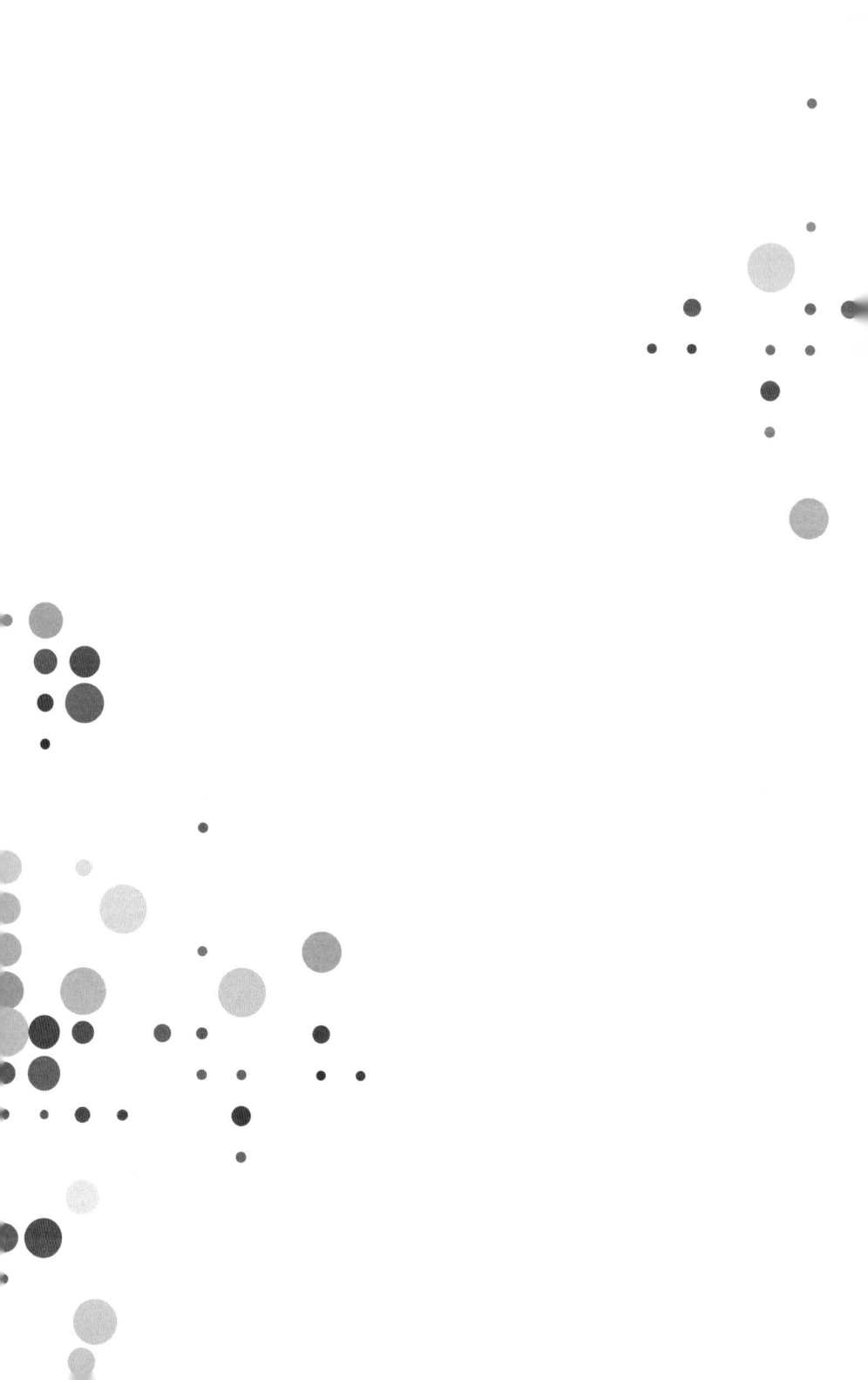

第一章

网络工具

人类运用自己的思维创造了工具，工具的应用反过来也在塑造人类的思维。

当前社会，人类创造最广泛的应用工具之一便是网络及附加在网络上的各类应用。借助这些，人们把自己牢牢地捆绑在网络上，"网络＋自我"深度结合产生了新个体，从而融合出新的自我状态。

我们的大脑很容易被欺骗。看到自己在同时做多项活动，就认为自己非常努力，工作效率非常高；看到一篇喜欢的文章，当你按下收藏键那一刻，估计就不会再打开了；当我们利用碎片时间听了音频课程，就误认为自己掌握了这门课。网络工具让我们在做此类活动时分泌多巴胺，产生愉悦感和满足感，错误地认为自己提升了工作效率，掌握了文章内容，精通了相关课程。

天生自带沉迷属性:
多巴胺的囚徒

一、网络社会的来临

网络已经是我们生活中不可缺少的一部分。它汇聚全球知识于一体,给我们的工作和学习带来了许多新的选择。它将人与人、人与知识的距离缩短,让我们的工作和学习变得方便快捷。它让我们可以轻易地获取各种最新的信息,联系到最遥远的朋友,随时和家人联络聊天,等等。网络打破了物理边界,让我们不再局限于一个狭小的空间之内。

但网络是一把双刃剑!它在带给我们方便快捷的同时,却一步步困住了我们的行为。

网络似乎形成了一种小型化的社会,它的影响却比现实更加隐蔽,更难以被察觉。网络产品,比如社交软件、购物平台、搜索引擎、网络游戏等层出不穷,且迭代飞速。这些产品通过巧妙的设计,特别是即时反馈、随机奖励、人人互动等特征,牢牢地吸引着用户,让用户在网络上花费更多的时间和金钱,并不断沉溺其中,难以自拔。

在网络产品设计之初,商家本着吸引更多用户、留住用户更多时间的思路,产品的设计集合了人类心理学和产品设计的最新精髓，充分利用了人性的弱点。在网络产品应用的过程中，人们不断被刺激并分泌多巴胺，轻易地获取愉悦体验，且不需要付出太多的努力。人们的行为被网络所带来的短期愉悦所强化！

在这类刺激面前，传统上要通过努力和等待才能获得的轻微"奖励"便显得微不足道，它们在网络产品面前都不堪一击。其结果是，人们对于这种简单获得而持久的愉悦体验十分迷恋，会反复进行这种行为以刺激多巴胺不停地升高。一旦进入了这种恶性循环，人们传统的价值观就会被逐渐改写，传统上推崇的勤奋刻苦、坚持不懈等社会行为都敌不过在手机上简单划来划去带来的愉悦。

网络社交，比如微信朋友圈或微博，让我们尽情地展示自己，以获取他人的关注和点赞。我们沉溺在这种虚幻的人际交往中，忽略了现实中个人的社会角色。我们通过网络展示自己精心伪装后的"精致"生活，貌似在热闹地沟通，实际是孤独地炫耀。同样，网络让我们看到太多他人的"生活"，但那却不一定是真实的生活，往往是伪装之后的生活，它让我们对自身生活状态产生怀疑。甚至导致人们沉迷于网络交流，而减少了现实中寻找人际间交流的努力，疏远了亲情。

网络产品，比如网络搜索、短视频、碎片学习以及与之相适应的算法推送等，让我们越来越浅薄地记忆知识，在不断窄化视野的同时，产生了"学会"的虚幻体验，认为自己已经具有渊博的知识储备。这些产品不断给我们提示，告诉我们其有新的内容，人越来越被动地处理人际关系，因为信息量大到让人无法应付。

网络已经是一个社会，人们在网络上创建了一个虚拟的自我，然后通过网络去爱上一个人，并体验现实里无法实现的愉悦。同时，有些人在网上攻击他人以获取快感，在网络群集事件中展示自己"正义化身"的一面，以收获满满的"正能量"。网络放大了社会氛围，让人们和全世界对比，然后产生不足的焦虑。网络上的自己太过于美好，使许多人无法面对现实的残酷；有些人把网络当成一个排泄口，无情地宣泄自己的怒火并以为可以不负责任；网络信息错综复杂，让很多人无所适从。

通过玩网络游戏，人们还可以在虚拟世界中重新塑造一个比现实更美好的"第二人生"。网络游戏还会让我们沉迷，甚至成瘾。很多人陷于网络游戏中不能自拔；沉浸在手机视频里，忘记了时间的流逝；享受网络购物后的愉悦体验，以及沉迷在那个虚拟的社交自我里，享受着他人的点赞和关注。

二、网络日益影响人们的生活

我们花在网络上的时间越来越多，就越来越缺乏时间去独立思考。

网络提供的这些极具吸引力的产品在争夺着我们的"注意力"。当前有一个新词叫"注意力经济"，是指人的注意力和时间是有限的，在同样的时间里用了 A 产品就无法用 B 产品，因此，争夺用户的注意力成为企业之间竞争的核心。为了达成这一目的，各个商家无所不用其极来吸引和留住用户。

用户的时间被挤占，越来越没有时间去思考一些深刻问题，比如人生的价值、工作的意义等。日常中我们被不断弹出的信息打断和吸引，连集中精力完成任务都很难；上班和下班的界限也很难区分，下班了也可能随时接到老板发来的新任务；而上班时间一旦有点空闲，就会掏出手机享受轻松惬意的时间，享受它带给我们源源不断的愉悦。

就这样，人们越来越没有时间和精力来思考那些看似虚无缥缈却真正深刻的问题，甚至连需要耗费时间和精力的长视频内容都已经难以引起兴趣。据调查，网络上长视频的关注度持续降低，它们的生存越来越受到挑战：很多人无法忍受40多分钟的剧集，对动辄一个半小时以上的电影更是越来越难以忍受。越来越多的人选择观看电影的 5 分钟精简剪辑版，让电影所有剧情的曲折和翻转的刺激都凝结在这几分钟之内。短视频能持续快速地产生愉悦刺激，而不像长视频那样需要酝酿和等待。

人们越来越沉浸在这种短暂的快乐里，沉浸在短期回馈带来的多巴胺分泌的愉悦里。人们逐渐成为多巴胺的囚徒。

三、内啡肽与多巴胺

从生理的角度看，快乐在大脑中都由对应的化学物质来承载。除了上面介绍的多巴胺，还有一种能让人们感觉愉悦的化学物质：内啡肽（Endorphins）[1]。

内啡肽是由脑垂体分泌的一种大分子肽类物质。它属于"先苦后甜"型物质，在人们的身体经历疼痛和磨炼后就会产生。它实际上是人的一种自我保护机制，可减轻自身的疼痛和疲劳感。人在哭、笑或者做运动之后体内会产生内啡肽，让我们感觉愉悦。这可以解释为什么我们在健身房做器械、撸铁的时候感觉肌肉酸疼，但过后却感觉"很爽"甚至有点"上瘾"。

尽管多巴胺和内啡肽都能让人获得愉悦，但多巴胺和内啡肽的作用机制是有区别的。多巴胺是奖励机制。当你做成一件事，就奖励一下，让你产生快感。目的是鼓励你强化这种行为，下次继续做。多巴胺是为快乐而生的，当体内产生大量多巴胺后，人的心情也会变好。内啡肽是补偿机制。当你做一件事时感觉很辛苦、很难受，之后补偿一下，让你产生快感，目的是让你坚持下去，不要惧怕下次再做。因此，内啡肽是为了抑制痛苦而生的，虽然它不会让人变得更快乐，但可以帮人减少痛苦。

如果你是个喜欢运动的人，运动之所以能让你开心，是因为运动初期会有多巴胺分泌，让你有愉悦感，让你对这项运动产生好奇和愉悦，鼓励你多运动。但是，在长距离或长时间的运动之后，运动早已经不能带来新奇和愉悦，而更多是疲劳和坚持。这时候让我们坚持下去的是内啡肽，补偿机制会缓解我们身体的疼痛感。

除了对抗疲劳和疼痛，内啡肽还可以振奋精神、缓解抑郁；还能让我们抵抗哀伤，激发创造力，提高工作效率等；在心情上，它可以让我们充满爱心和光明感，积极向上，愿意和周围的人交流沟通。所以，从长期来看，内啡肽的作用明显要比多巴胺积极一些。

因此，要对抗网络带给我们的负面影响，就应该努力控制多巴胺的短期激励，而更多地创设内啡肽的补偿。重建自我生活，就是让努力奋斗成为生活的日常，更多让内啡肽来主导我们的生活和塑造我们的行为。回归真正的自我，就是让我们摆脱成为"多巴胺的囚徒"，重建我们与网络之间的关系。

四、网络会让人沉迷

面对日益泛滥的网络沉迷行为，首先应该提醒自己要更加自律、自控，管理好自己的时间和行为。但同时，我们也不必对自己过于苛责，因为网络技术发展太快，智能手机应用和网络产品高速发展，让我们还来不及清醒认识到它们对我们时间和精力过度占用这一事实。当人们意识到问题所在，行为上就会越来越警惕，进而适应与网络产品共同存在的网络社会。

更应该引起我们警惕的是，在屏幕的另一端，是庞大的公司和产业，它们雇佣着无数聪明绝顶的人，并使尽各种解数企图把我们留在他们的产品上。而最有效的一招，便是利用多巴胺的强化作用。于是，在有意无意中，他们正努力诱使我们成为他们产品的奴隶，成为多巴胺的囚徒。

网络科技发展太快了，如果每次都是先发现问题并引起社会关注，然后才想解决策略，必然会让我们的行为大大落后于时代发展，等某种行为已造成巨大危害时再来反思和改正，必将错过很多时机。因此，我们应该时刻警惕来自网络的应用问题，及早做出个人的判断，然后采取针对性的措施。

我们要正视网络相关问题的严重性。对于那些与自己形影不离、给自己制造"快乐"的产品，我们应当心怀警惕和戒备。正如亚里士多德在两千多年前就提醒过的那样：在所有事情上，更要警惕那些令人愉悦的事物或快乐。因为对于快乐，我们不是公正的判断者。也就是说，在面对能带来快乐的事物的时候，我们的判断和选择非常容易走向非理性，因为有一股生理的力量在左右我们的选择。

本书的主要目的是在剖析网络对人的认知和行为带来负面影响的基础上，提醒人们对与网络相关的、能引起我们快乐的产品要保持警醒。在接下来的章节里，我将会努力拆解当前不同网络产品的特征，看这些产品是如何让我们沉迷而难以割舍，一步步成为"多巴胺的囚徒"的。当然，也会从个人的角度提出一些恰当使用这些工具的建议，最终让网络及其产品成为我们的工具，而不是让我们成为它们的奴隶。更重要的是，提醒大家对未来可能出现的新网络产品保持一种警惕的心理。

参考文献

[1] 安娜·伦布克. 成瘾: 在放纵中寻找平衡 [M]. 赵倩, 译. 北京: 新星出版社, 2023: 3.

碎片化高估学习的效果

一、网络将时间碎片化

在早高峰的地铁上，人被挤得脚不着地，身体几乎被架空。为打发这令人窒息的通勤时间，在一家 IT 公司上班的李罗打开手机，戴上耳机看视频，将人声嘈杂的世界挡在耳外。有时候人多到连手都伸不起来，看手机的空间都没有，他就会打开App 听一些音频课程；不但在地铁上，在工作过程中如果有一点空闲，他也会打开背诵单词的 App，打卡背几个单词；回到家之后，如果有空闲时间他也会拿起手机，阅读一些新闻或关注最近行业分析的公众号。

这种选择利用点滴时间学习知识的行为，正成为近几年流行的学习方式——碎片化学习。在移动互联网时代，与平台和生产端对应的，是知识接受方式的变革。其中非常重要的内容之一，便是碎片化学习的便捷化。

碎片化学习不是网络时代特有的产物，它有着悠久的历史。比较著名的如北宋时期人称"唐宋八大家"之一的欧阳修便是践行者之一。幼年的欧阳修家贫但志坚，自小学习刻苦，提倡学习要随时随地，想尽办法创造学习条件，即使在马上、枕上、如厕时也一刻不放松。这一刻苦学习的故事成为一段佳话。

在古代社会"暧暧远人村，依依墟里烟，狗吠深巷中，鸡鸣桑树颠"的慢生活节奏里，一个人只要努力，他一生甚至能接触到当时社会上关于某种技能的所有知识。在文盲占绝大多数的社会里，只有少数人是信息的生产者，更多人则是知识的接受者。另外，由于出版业和印刷业不发达，知识的产生和传播也比较慢，一个知识从产生到传播再到迭代所花的时间可能就要几年甚至几十年。所以，通过碎片化学习能更快地了解当时知识的总体状态。

但是，在当前信息爆炸的年代，信息像潮水一样泛滥，越来越多的人成为知识的生产者，知识的积累也加速膨胀。在这种情况下，一个人即便再努力再勤奋，也只能接触整个知识冰山的一角。2019年，从国家知识产权局的数据可发现，我国全年的发明专利申请量为64.9万件，每年出版图书超过45万种 [1]。知识迭代的周期最短为一周，在这种现实情况下，大多数人不可能再像以往一样可以全面掌握某一领域的所有知识。

网络应用也将我们的时间撕成了碎片：我们可能随时随地收到朋友的邀请、领导布置的工作、公众号发来的最新推送、视频软件的最近更新等。当我们想集中注意力工作的时候，手机上弹出的各种语不惊人死不休的公众号文章标题，不断刷新的微博内容，热气腾腾的心灵鸡汤，让人想念诗和远方的旅游资讯，充满哲理气息的人生感悟等不断涌现，吸引着我们的注意力。这些内容随时都可能打断我们正在进行的活动，让我们将注意力转移到最新的推送上。它就像一把砍刀，将我们成片的时间肆意分割、切碎。

激烈的职场竞争也会增大心理焦虑，它促使人们不断学习以更新自己的知识体系。人们见缝插针地学习新的知识，给自己的工作技能充电，为自己的生活补充精神食粮。而社会正需要复合型人才，需要能打通多个领域的跨专业人才。在当前大环境下，不同行业所展现的交叉属性越来越强，传统的单一型人才已经不能满足当前的就业需求。2021年教育部发布通知，要求大学设置"交叉学科"门类，为培养复合型创新人才进一步敞开大门。很多公司早就实行了类似的制度，比如华为实施的EMT轮岗制，就是要培养全面、适应力强、综合素质高的复合型人才。美团也提出复合型人才成长理念的"π型人才"，要求员工有宽广的学科跨度，至少在两个领域上有丰富的经历和深厚的造诣。

不是每个人都有机会再次进入大学深造，也不是每个人都有机会进入华为、美团这样的公司得到培养和锻炼，更多的人是自我学习和提升。幸运的是，在很多时候我们不需要精通某个技能，只需掌握它的实际操作即可，这时候碎片化学习似乎就十分适用。于是，人们利用等地铁的时间、坐车的时间甚至在电梯运行的过程中，用随手可得的最新消息、最火热评、最流行的文章和牛人的观点来填满大脑，以感受知识冲击大脑的快感。

二、关于碎片化学习的争论

移动互联网赋予学习无限的可能。学习知识进一步变得生活化、伴随化和环境化，非正式学习（主要是指人们在正规教育机构之外进行的一种由学习者自我发起、自我调控的学习方式）有了真正势不可当的勃兴态势。同时，新兴媒体和网络视频、音频应用，让学习知识的门槛大大降低。借助移动互联网，知识传播内容更为多元，形式更加活泼有趣，拉近了知识与人的距离，更容易让人产生亲近感。这正是人们学习渠道和学习方式逐渐丰富的体现。

在碎片化学习蒸蒸日上之时，一些质疑的声音也随之而来：通过碎片化学习能真正学到东西吗？我们用碎片时间学到的是不是只是一堆"知识"的碎片，进而获得虚幻的愉悦感？在这种背景下，某些倡导碎片化学习的应用一度被说成是在"贩卖焦虑"。

这些否定碎片化学习的观点认为，碎片化的信息就像自媒体上的快餐，来得快去得也快，却没留下什么营养。碎片化的信息通常是对复杂信息的删减和通俗化。它只能承载和传递相关知识体系的冰山一角。它往往只截取最吸引人的部分并进行放大和细化，而省略或简化知识体系中晦涩难懂的部分。于是，我们在碎片化学习的过程中，更多是学习到其有意思的部分，缺点是无法系统掌握一门课程的体系。在学习的时候，我们似乎懂了一门课程，但当我们回顾这一切的时候，却往往发现，那些读过、听过的知识很快都忘了，偶尔记住的信息也是零零碎碎，很多时候即便记住一些知识点，却都串不到一块。其结果往往让人们沉浸在各种新鲜感刺激里，不再想花时间去思考和构建完整的知识体系。

相反，支持碎片化学习的观点认为，当前时代知识的迭代与重构周期短，学科知识和社会分工更加具有交叉性、综合性。社会要求人们具有更宽广的视野、更多元的知识体系。一个人走出学校并不意味着学习的终结，甚至仅仅意味着学习生涯只迈出一小步。主动学习、终身学习是现代人必然面对的现实。可现代人的现实是：上班族都面临时间及精力的碎片化和稀缺。如果不利用碎片化时间，学习必须要找完整的时间，那会大大增加学习的难度。在排队等候时，我们记单词总会好过简单听段子；在地铁上听听音频课程总优于无聊的发呆。支持碎片化学习的观点认为，一些人把学校教育看得过于神圣和严肃了，任何增强知识和技能的过程都是值得鼓励的，不一定非得在教室里正襟危坐才叫学习，也不一定把一门学科所有知识点都记住才叫学习。

三、碎片化学习与记忆

在深入讨论碎片化学习利弊问题之前，我们首先要理解知识是如何被学习和记忆的。

首先，知识是个系统，通常由知识点和知识点之间的联系构成。如果单单只了解知识点而忽略联系，那么就是忽略了不同知识之间的逻辑关联，只是扩充了知识点的数量，扩充了知识的广度而非深度，并不是真正理解了这门课，当然也失去了让知识真正得到灵活应用的条件。

学习是一个形成知识网络体系的过程。系统学习就是发现不同知识点之间的内在联系，然后构建知识的内在联系和网络。因此，学习过程中非常重要的内容是努力把零零碎碎、杂乱无章的知识点系统化，形成相对完整的知识网络。形成网络的好处是，知识可以通过网络被我们回忆起来，降低遗忘。相反，那些琐碎的、联系少的知识，通常较容易遗忘，而一旦遗忘则难以被我们回忆起来。这就是为什么很多人感觉看了很多网络文章，但到真正应用的时候才发现一个都想不起来。

其次，知识需要不断重复才能被记住。我们背诵一个单词的时候，通常需要不断重复几十遍甚至上百遍，知识才能真正储存在我们的大脑中。这就是让我们感觉学习非常困苦的原因。记忆的模型告诉我们，我们理解了一个东西，可能知识存储在短时记忆中。如果想将短时记忆转化为长时记忆，则需要精细复述（主要是不断重复背诵），否则我们很快会遗忘。

在碎片化学习过程中，我们学习过的内容大多停留在短时记忆阶段，缺乏向长时记忆转化的过程。通常，我们看完一篇网络文章、听完一段音频的时候，感觉自己已经懂了，但是，由于我们没有去复述和反复记忆这段内容，它更多停留在短时记忆中，并没有进入长时记忆进而成为我们知识体系的一部分。学习过程中最苦的部分，就是从短时记忆到长时记忆的"精细复述"过程。碎片化学习可以为我们呈现知识的传达过程，但无法代替我们完成记忆的过程[2]。

最后，知识需要通过应用才容易被记住，因为应用可以帮我们增强记忆。当前人们流行一句话："为什么听过那么多大道理，却依然过不好这一生？"这其中就混淆了一个概念，听了道理和过好这一生二者不是对应的，它们中间的内容叫"应用"，或者叫"实践"。就像我们虽然记住了游泳所有的要点，但是如果不下水去真正练习，就不可能真正学会游泳一样，学习了知识就需要去实践，否则它只能停留在最初级阶段。

碎片化学习往往使我们很难有时间去反思所学知识，并加以实践。必须记住，不论学什么，都不是单纯看几篇文章、听几段音频就能解决问题。我们往往刚刚学完一些知识，第二天就会迅速转向另外一些知识，知识在我们脑中缺乏沉淀和实践应用的时间。这通常导致我们的知识更多地停留在信息阶段。

总之，我们需要系统地学习知识点，然后依据一定的逻辑关系把知识点串成体系。同时，需要通过不断重复的过程让知识在脑海中留下记忆痕迹。在此基础上，我们要努力在实践中不断应用，才能使外界的信息真正成为属于个人的知识。

除了上述内容，关于碎片化学习的其他批评都是站不住脚的。比如当前批评最多的是碎片化学习的"内容简短，博眼球，缺乏思维深度"等。这些只是片面化的批评，因为垃圾信息不是当前社会的特产，也不是碎片化学习的特质。书籍也有垃圾图书，报刊也有废话堆砌的文章、花边新闻。碎片化学习中所谓博眼球、吸引注意力的特征只是在网络状态下被凸显而已。面对这些批评，我们要做的只是提高信息甄选的标准。

还有一些批评，比如形容碎片化学习往往是"时间短，注意力难以集中，学习效率低"等。其实，很多碎片时间都在几十分钟，能集中这么多时间已经不是简单的碎片了。在我们时间被轻易碎片化的前提下，任何的学习，即便是碎片化的学习，即便效率再低，也比不学要强很多。

四、碎片化学习的弊端

碎片化学习最大的弊端，在于它让我们产生了"以为自己已精通这门知识"的错觉，以及由此出现的对这个世界"什么都懂"的幻觉。这种幻觉刺激着我们的奖赏系统，产生一种掌握知识的愉悦感。我们利用在地铁上的时间听完了一门课的音频，我们在排队等候的时间看了一篇文章，这种充分利用时间的精神会感动自己，使我们产生一种不断学习和超越周围人的愉悦体验。为了进一步维持这种体验，我们可能会很快地转向另一个目标，而不是将学过的知识再复习一遍，或进行深化和系统化总结。重复的过程是枯燥而无聊的，缺乏积极奖赏的反馈，是最容易被放弃的。

碎片化知识通过连续的新鲜内容，不断刺激我们的大脑，让我们始终处于"啊！又学到了新的东西"的喜悦中而欢欣满足。长此以往的结果是，我们变成了一个信息收集器，成了一个被"学完"的愉悦驱动的学习者，变成一个为了"学完"而努力去学完的个体。我们喜欢看自己的学习记录，看着自己曾经学习过那么多课程而欢喜，为了继续积累，我们又会开始新的学习。整个过程就像集邮一样，学习者看着自己邮票数量的增加而充满了成就感。

但是，由于缺乏重复和反思，我们所学过的内容很快会被遗忘和淡化。于是，通常出现的状况是我们一边不断学习，一边迅速遗忘。因为学习不是集邮，不是你把它放进集邮册，就会永远在那里。我们记住一项内容很难，但遗忘一项内容却很简单。最后的结果可能是，以为自己无所不知，但真正应用起来却发现能记起的东西很少，这种落差反而使自己显得很无知。

这种"为学习而学习"的行为，最终偏离了我们学习的目的。归纳起来，碎片化学习让我们产生了高估的成就感，对自己的努力过于满意。学过一遍之后，会产生"知道""学过"的感觉，但其实效果往往很一般。

碎片化学习的另外一个特点是，我们可以依据喜好选择自己学习的内容。坐地铁、排队等候，本身已经够无聊了，利用这个时间学习枯燥的内容将更加困难。因此，我们选择的应是那些能够满足我们的兴趣，不断让我们产生愉悦体验的内容。而这种选择自己喜欢内容进行学习的做法往往会窄化我们的知识面，窄化看世界的视野宽度。有一种观点认为，长期接受碎片信息容易导致人的思维片面，丧失辩证思考能力。从某个角度讲，这个论断有几分道理。

五、如何有效进行碎片化学习

面对碎片化学习，我们该怎么办？

首先，最重要的一点就是防止时间碎片化。我们在工作的时候，可以把手机静音，把电脑的弹窗屏蔽，让外部环境或身边的人不能成为你的时间杀手，从而专心于一件事。然后每隔一定时间（比如半小时或一小时，或者做完一件事之后）看一次手机，并集中处理和回复相关问题。相信我，这世界绝大部分的事情都不需要你即时回复，一个小时之后再去处理不会对事情造成任何不利影响。

其次，如果实在无法阻止时间碎片化，就要努力充分利用碎片时间。针对前面提到的碎片化学习的短板，在学习中努力去克服它们，扬长避短，便可以有效地提高碎片化学习的效率。

① 明确不同阶段的学习主题，并制订学习计划。

尽管是利用碎片时间学习，我们也需要明确这是在"学习"，而不是在娱乐。而学习就必然会伴随一个相对枯燥的过程。我们可以依据当前或未来所需来选择学习的内容，并制订一个相对规范的学习计划。然后再确定学习时长，并借助手机软件设置倒计时天数提醒。

如果有方法来测量和检验自己的学习效果，则是更好的选择。尽管有很多人对考试不以为然，但是它的确是检验我们学习成果的有效手段。比如，你利用碎片化时间学习了一门课，之后你可以在网上搜索一张这门课的试卷，测一下自己能得多少分，作为对自己学习效果的检测。如果不到90分则回去继续学习。

②不要停留在知识点层面，应努力构建相应的知识体系框架，创建一门学科的"认知地图"。

心理学上有个术语叫"认知地图"[3]。这是一个比喻：当你看地图的时候，你会对全局有一个整体的了解。而如果这张地图就在你的脑海中，你就是"活地图"。比如你是某个大学的老生，下课了，你要从教学楼到食堂，你脑海中立刻会勾勒出 N 条路线，这就是你在把握全局基础上的宏观思考。而如果你是大一新生，对学校的整体地图不了解，你就很难有这样的整体规划。你必须在视线范围之内不断寻找，一路询问，尽管你最终也能到达食堂，但是要耗费很多的精力和时间。

学习一门课程也是如此。刚开始上课的时候，老师会一章一章地讲，你会陷入细节里，体会不到课程的整体魅力；但是当你学完全部课程，再回过头来梳理曾经学过的章节以及它们之间的联系时，你会豁然开朗，从更深层面理解这门课的核心，这是因为你形成了这门课程知识的"地图"。

在各类"学霸"的访谈中，我们都能发现他们善于在学习过程中把知识体系化，市面上的各种学霸笔记本质上就是知识体系化的产物。如何做到知识的体系化？我们需要从学习目标出发，分解出实现这个目标所需的知识，并将其组织为一个系统的框架。然后制订学习计划表，细分每天的学习内容，必须具体到一个个小知识点上且可以操作，并辅以每天打卡督促提醒。

这一步是体系化、碎片化学习的关键。碎片化学习是否有效，取决于能否构建出一个以应用为导向的知识体系。没有这个框架，即使是用整段时间学习，所学的知识也是零散的。而一旦建立起体系化的知识框架，一连串的知识体系就可以一并提取了。

③ 尝试应用新知识，将新知识与原有知识建立联系。

心理学上有个术语叫"有意义学习"，指的是新知识只有被我们应用，融入原有知识体系中并与原有知识产生实质性联系，才更容易被我们掌握。而"应用知识"是将新知识与原有知识建立联系的最简单且最有效的方法。我们在日常工作生活中，要刻意创造条件应用新学习的知识，增强新知识与原有知识的联系，让新知识成为原有知识体系中的一部分。

参考文献

[1] 国家知识产权局战略规划司. 知识产权统计简报 (2019 年第 14 期) [EB/OL]. [2023-08-08]. https://www.cnipa.gov.cn/20190711152916212401.pdf.

[2] COWAN N. What are the differences between long-term, short-term, and working memory?[J]. Progress in Brain Research, 2008, 169(2):323-338.

[3] EPSTEIN R., PATAI E., JULIAN J. SPIERS H. The cognitive map in humans: spatial navigation and beyond [J]. Nature Neuroscience, 2017, 20(11):1504-1513.

多任务产生虚假的效率感

一、多任务现象日益普遍

很多人还记得小时候，喜欢一边做作业一边听音乐，而这总是遭到家长的批评，说一心二用，不专心学习。而现在，一心二用、一心多用仿佛成了一种普遍现象，大多数人已经不能完全专心做一件事情了。很多人在办公桌上摆着工作资料，耳机同时连着电脑，电脑屏幕上播放着最新的综艺节目或最新剧集；手机的屏幕会不时亮起，并随时伸手拿过来查看通知或者回复信息。因为"通知"功能会及时弹出最新的通知，让我们不会错过重要信息。甚至，在做这些事情的同时，我们还能轻松地跟同办公室的同事聊天。

现在很多大学都允许学生将笔记本电脑带入课堂，其初衷是好的，学生可以用笔记本电脑记笔记或者根据老师的要求迅速搜索与知识点相关的内容。但是，笔记本电脑可以轻松接入网络，学生在听课的同时，虽然可以记笔记，但也能随时通过网络查看新闻，或者与朋友在网上聊天，甚至还能偷偷打游戏。这种学习方式能否提升教学效果值得怀疑。

这些同时做多件事的行为，其实都处在"多任务"模式。

多任务可以理解为同一时间进行多个任务。网络的发达让多任务成为一件简单容易的事。对于年轻人来说，网络环境中多任务并行是无处不在的。

二、多任务的影响

多任务对人的影响如何？因为同时做很多事情，这可能意味着你将不停地被干扰，但又不得不无休止地去处理这种干扰。

福尔德（Foerde）、纽尔顿（Knowlton）和泼德瑞克（Poldrack）于 2006 年在《美国国家科学院院报》（*PNAS*）上发表论文，尝试用实验来回答这个疑问 [1]。他们设计了一项天气预报任务，其中一个任务需要参与者分心，目的是创造需要多任务处理的条件；另外一个任务是单任务条件，不需要参与者分心。在这两个任务条件下，参与者首先需要学习使用线索来预测天气变化。在测试阶段，研究者设计了一种使用美国有线电视新闻网（Cable News Network，CNN）头条新闻模拟社会现实的认知任务，也就是理解新闻任务。当新闻主持人在播报头条新闻时，天气预报图标、赛场分数、股票报价以及文本新闻也同时呈现在屏幕的底端。加工这些同时性刺激需要多任务处理。结果发现，这些信息格式在年轻的观众（18~34 岁）中是非常受欢迎的，然而年龄大的观众（高于 55 岁）就存在处理困难。不过，分心信息会产生认知代价，即使是经常体验多任务处理的年轻人也是如此。一个控制性的实验显示，如果其他条件相同，大学生处于 CNN 视觉复杂环境比在视觉简单的环境中，明显地少回忆 4 个与新闻有关的信息。

研究者进一步探究了多任务状态下的大脑活动特征。结果发现，双任务条件下并没有降低任务判断的准确性，但减少了对任务的陈述性知识能被回忆起的数量。内侧颞叶活动与单任务条件下学习后的任务表现和陈述性知识相关，而双任务学习条件下的表现与纹状体活动相关。结果表明，这些记忆系统在对同时发生的分心敏感性方面存在着根本的差异。这个研究的结论认为，即使分心不会降低学习的总体水平，但也会导致获得的知识在新的情况下不能被灵活应用。

在课堂学习中，多任务并行的效果怎样呢？有研究者尝试探索了网络多任务处理对课堂学习是不是一种干扰。海姆布鲁克（Hembrooke）和盖伊（Gay）2003 年发表在《计算机在高等教育杂志》(*Journal of Computing in Higher Education*) 上的研究中，他们设计了一个课堂，其中一半学生被允许保持笔记本电脑连接，另一半学生则被要求关闭笔记本电脑。课堂结束后的测验结果发现，关闭电脑的学生的得分明显高于未关闭电脑的学生。表明这种多任务并行会影响学生的学习成绩[2]。

斯坦福大学的研究者奥皮尔（Ophir）、纳斯（Nass）和瓦格纳（Wagner）进行了一项研究，通过比较得出了多任务并行给人带来的影响[3]。他们选取了两类人作为研究样本：第一类是日常较多进行多任务处理的人（周旋于手机、网络和电视之间，不愿错过任何一则新闻），第二类是很少进行多任务处理的人。他们发现：一个人跟踪的媒体越多，越难以集中注意力，工作中记忆越差；习惯于多任务处理的人降低了对于事物重要性的判断力，总结能力下降；多任务处理的人什么都想做，却什么都做不好，最终的结果就是分不清事情的轻重缓急；同时，多任务处理的人在多任务处理过程中的效率会降低，他们处理单项任务的时间会越来越长，在任务转换时缺乏调适能力。

在这一发现基础上，米妮尔（Minear）等人利用奥皮尔等人开发的媒体多任务指数，来确定重度媒体多任务使用人群（heavy media multitaskers）和轻度媒体多任务使用人群（light media multitaskers），并对他们进行了注意力、工作记忆、任务转换和流体智力的测量，同时采用自我报告的形式测量他们的冲动和自我控制程度。结果发现，重度媒体多任务使用人群比轻度媒体多任务使用人群更冲动，在流体智力上表现更差。与轻度媒体多任务使用人群相比，重度媒体多任务使用人群在多任务处理的情况下结果更糟糕，他们在处理不相关或分散注意力的信息方面表现出缺陷[4]。

一项脑成像的综述研究显示，经常一心多用的人在分心任务上的表现更差，但是相关脑区的活跃程度却有所增加[5]。这说明大脑的工作效率正在"事倍功半"——大脑付出了更多的努力，却获得了较糟的结果。另外一项关于大脑结构的研究显示，在互联网高度使用人群的前额叶皮质中，那些与对抗分心、保持任务目标相关的脑区灰质质量减少，而灰质是由大量的神经元聚集形成的重要神经组织。这或许暗示了过度使用互联网对大脑健康有损害。然而，我们必须保持清醒的是，这只是科学家对互联网情境下大脑变化的初步探索，它们的可靠性还需要更多的重复实验来支撑[6]。

三、网络与多任务处理

不得不承认，人类在有些情境下确实可以进行多任务处理，如边听音乐边从事体力劳动，工作上处理来自多方面的信息。如果要让任务不相互干扰，两种任务必须具有本质上的差异，比如，健身房里的音乐不会对运动的人产生太大干扰，因为二者不存在对认知资源的竞争。但是，如果同时进行具有竞争性质的任务，比如需要集中注意力学习的同时关注明星的八卦新闻，二者就会相互干扰，因为二者会竞争有限的认知资源。

在网络社会，多任务并行似乎成了一种常态。来自互联网的提示和通知促使我们不断地分散注意力，我们已经习惯了同时处理来自多方面的信息。我们可能认为自己的工作效率得到了显著提升，但实际上它并没有提高我们进行多项任务的能力，反而可能会降低我们保持专注于单一任务的能力。

多任务处理会造成另一种负面影响，让人们产生一种错觉，认为同时处理多种事情，提升了工作效率，赢得了更多时间，从而产生由于忙碌和虚假的效率提升所带来的成就感。尽管这种成就感是一种错觉，但它能欺骗我们的大脑，大脑同样会分泌多巴胺，产生愉悦感和满足感，让自己以为提升了工作效率，进而强化这种行为。

不得不承认，绝大多数人的大脑并不擅长多任务处理。这意味着我们难以同时认真完成两项思考。当你正专注于处理一件事情时，在这中间如果被打断，你就需要花一定的时间找回原来的思路。不要相信一个人可以同时思考多件事情、完成多项任务。大多数人只要一上网，其工作记忆就会严重超载，导致大脑额叶难以聚精会神地关注任何一件小事。同时，由于神经通路具有可塑性，上网越多，大脑适应精力分散状态的训练就越多。这也是为什么习惯上网的人只要离开互联网，就会感到无所适从。

真正能够提升工作效率或思考深度的是"心流"（flow）。心理学家米哈里·契克森米哈赖（Mihaly Csikszentmihalyi）将心流定义为：一种将个人精神力完全投注在某种活动上的感觉。他形容这种感觉是："你感觉自己完完全全在为这件事情本身而努力，就连自身也都因此显得很遥远。时光飞逝。你觉得自己的每一个动作、想法都如行云流水一般发生、发展。你觉得自己全神贯注，所有的能力被发挥到极致。"它要求我们全神贯注于一件事，2小时"心流"效率下的成果，顶一个人平时全天的工作产出也是完全可能的。[7]

四、如何应对多任务

很多人的多任务并不是被迫的，更多是自我的主动选择。

人们生怕错过任何一个信息，漏掉关键的电话，并且任何事情都想及时处理，感觉只有及时处理才能有效提高做事效率。其实，这里面绝大多数都是错误的判断，提升效率的感觉也是错觉。

为了避免自己进入"多任务"状态，专注于最重要的事，我们应该尝试开展专注力练习，减少在线多任务处理的数量，并"参与更多的面对面互动"。我们可以尝试以下几个方法。

1. 减少可能出现的打扰

如果条件许可，请将手机调至静音并放在自己手无法触摸到的地方，关闭任何通知类程序，关闭邮箱。这一切都能隔绝自己过多任务的输入。如果周围有人且他们的交谈有可能干扰到你，可以尝试戴上耳机，并告诉同事尽可能不要打扰你。

2. 确立明确且现实的目标

给自己某个时间段设定一个专注的目标。需要注意的是，这个目标越具体越好，但不能太难。比如："读完一份材料""背熟 50 个单词"。设定这个目标之后要告诫自己，不实现这个目标绝不去做其他任何一件事，这样就能真正迫使自己实现这一目标。这个目标最初不宜设定得太难，待自己忍耐力提高再逐渐增加难度。

3. 用重复枯燥的"技能"来吸收杂念

为什么很多职业运动员在训练或比赛时总是念念有词，或者重复做出某种动作？为什么僧人念经时要敲木鱼并转动念珠？这是因为这种简单重复的动作会让他们很快产生满足感。

但也容易让他们产生厌倦感。一旦我们走神或焦虑的时候，就去做这种动作，会让我们将注意力从其他事情中转移回来，但又不会附着在这些动作上。当由于大量重复这些动作而产生"厌倦"的时候，我们的思绪就可以重新调整到工作上面来了。

参考文献

[1] FOERDE K., KNOWLTON B., POLDRACK R. Modulation of competing memory systems by distraction [J]. Proceedings of the National Academy of Sciences of the United States of America, 2006, 103(31):11778-11783.

[2] HEMBROOKE H., GAY G. Laptop and the lecture: the effects of multitasking in learning environments [J]. Journal of Computing in Higher Education, 2003, 15(1):46-64.

[3] OPHIR E., NASS C., WAGNER A D. Cognitive control in media multitaskers[J]. Proceedings of the National Academy of Sciences of the United States of America, 2009, 106(37):15583-15587.

[4] MINEAR M., BRASHER F., MCCURDY M., et al. Working memory, fluid intelligence, and impulsiveness in heavy media multitaskers [J]. Psychonomic Bulletin & Review, 2013, 20(6):1274-1281.

[5] MOISALA M., SALMELA V., HIETAJÄRVI L., et al. Media multitasking is associated with distractibility and increased prefrontal activity in adolescents and young adults [J]. NeuroImage, 2016, 134(1):113-121.

[6] FIRTH J., TOROUS J., STUBBS B., et al. The "online brain" how

the internet may be changing our cognition [J]. World Psychiatry, 2019, 18(2): 119–129.

[7] 米哈里·契克森米哈赖. 心流 [M]. 张定绮, 译. 北京: 中信出版社, 2017: 11.

打开即学过，收藏即掌握

一、收藏与打卡

在看完朋友圈分享的一篇喜欢的文章或文章标题后，我们会情不自禁地点击收藏，准备下次可以快速找到以便再次学习。但是，我们忽略的事实是，在绝大多数情况下，我们再也不会打开这个链接了。日积月累，我们的收藏夹里堆积了大量的备学信息，多到列表很长都无法看完，甚至需要用搜索来寻找内容。对于很多内容，我们根本记不清是否看过它们，是否曾经收藏过它们。

爱旅游的小李最近的出行越来越像是为拍照而去。每到一个景点，面对壮美的风景，他都毫不犹豫地拿起相机，从各个角度进行一通拍照，然后选择其中拍得较好的照片发到朋友圈。对于景点，他除了拍最基本的自然风光之外，对景点背后的传说与文化内涵、景点的历史成因等却不关注。旅游，对他而言更多成为一种类似打卡的活动。

刚入学的研究生若兰并不认为自己是实验室的新人。虽然她刚接触实验室操作，连设备都没摸过几次，但是她认为所有的操作知识和教程在网络上都有，她早已经收藏了起来，可以轻易地找到。虽然自己目前不会操作，但只要打开相关教程，就可以在较短时间内迅速掌握相关操作。

二、网络搜索对记忆的影响

使用网络搜索会给我们的记忆带来什么影响？2011 年发表在《科学》（*Science*）杂志上的一项研究尝试探究这一问题。在这项研究中，研究者给志愿者看了一份含有 40 桩琐事的清单——就是一些短句，如"鸵鸟的眼睛比脑子大"之类的描述。研究者要求每个人把这 40 句话输入电脑中，在输入的同时，一半的志愿者被要求记住这些信息，而另一半则没有这样的要求。在接下来的测验中发现，被要求"记住信息"的人的成绩并不比另一半人更好。这说明外界的要求并没有提升记忆效率[1]。

同时，研究者还创设了另外两个条件：告诉一半人他们的工作将存储在电脑中，而告诉另一半人他们输入任务完成后内容会被清除。后来的测验发现，那些被告知自己的工作很快就会被清除的人得分比另一半人高得多。结果说明，如果人们感觉信息还存在电脑上，随时可以找到，就不会太费力去记忆。

这涉及一个"交互记忆"的概念，就是如果一个人知道信息存储的位置，并且可以轻易获取，那么他很大可能就不会去记住它。比如，你的朋友是个美食家，他熟悉这个城市里很多有特色的餐厅。当他告诉你时，你可能不会刻意去记这些信息，因为你清楚随时都能找他咨询。交互记忆就是指一个人不一定需要记住所有的信息，而只需记住群体内哪些成员是哪方面的专家即可，当你需要这方面信息时就可以向其询问。通过这种方式，本应存储于每个个体中的记忆被分散到群体中不同成员的大脑中去了，就好像所有成员的大脑组成了一个具有更大容量的记忆库一样。

目前，在人们交互记忆中最重要的交互对象是互联网：我们知道这个信息网上有，并且可以轻易地通过敲击键盘而迅速搜索到。因此，人们便不再费力记住一些枯燥的知识，在需要的时候搜索一下就行了。学者将人们对互联网的这种依赖称为"谷歌效应"（Google Effect），有人戏称为"数字失忆症"（Digital Amnesia）。意思是能在网上找到的信息，大脑会自动遗忘。

人的大脑不可能记住所有事，大脑的效率原则也追求更有效的存储信息方式。大脑能意识到，对容易获取的信息不必都存储起来。比如，知道鸵鸟眼球有多大这个知识本身没有多大价值，只需简单输入搜索，几秒钟之内就可以得到答案。既然答案可以轻易获取，那么费力记住信息的意义在哪里？在这一过程中，人们以为事实被归档了，其实大多是被遗忘了。

通过仔细观察，我们可以发现"谷歌效应"在现实生活中无处不在。比如，现在手机几乎人手一部，而手机的拍照功能让人们可以迅速简洁地记录所见。因此，旅游时的各种拍照便是常见动作。人们对自然景观的兴趣越来越低，反而更多地将时间投入到拍照过程中。于是，有研究者推论，是否这种拍照也会导致人们无法记住旅游过程中的信息？就像我们列举小李的例子，旅游成了打卡和拍照的过程。

类似的研究提供的答案具有参考意义。费尔菲尔德大学的琳达·亨克尔注意到，博物馆的游客越来越痴迷于用手机拍摄艺术品，但对观赏画作本身的兴趣却越来越低。于是，她在费尔菲尔德大学的贝拉明艺术博物馆进行了一个实验。在本科生参观博物馆时，他们被要求按照预先指示去观赏特定的画作。依照实验设计，有些人要拍下画作，有些人只简单做笔记。第二天，亨克尔询问两组学生对画作本身的了解情况，发现拍照的学生在辨别画作、回忆细节等方面都表现较差。

实验说明，拍照过程让我们以为画作存在相机里了，有照片可以随时观看，无形中让自己放松了对相关信息进行记忆的努力。

这也可以很好地提示我们，在旅游的时候应该降低相机的使用频率，努力将更多的注意力放在风景本身。如果只想要照片，旅游的意义就失去了，因为网上存在大量拍摄精美的照片，不需要自己费时费力地赶来现场。

三、大脑运行的节省原则

通过亿万年的进化，人类大脑已演化成为高度智能化的系统。这个高度智能化的系统遵循着"低耗高效"的工作原则，也就是"干最少的活儿，办最多的事儿"。而基于搜索引擎的"交互记忆"成本低廉、反应时间迅速，这些优势让我们能轻而易举地找到想要的信息以及各种问题的答案，这非常符合大脑的"低耗高效"原则，成为大脑的首要选项。上面的研究证明，这种技术革新也正在对人类的思考和认知方式产生影响，我们记忆信息的方式在网络情境下也发生了新的变化。

电脑、手机和网络扩展了我们心智能力的边界。我们可以把网络当成信息的外部储藏室，它产生的海量信息能够轻易地被人类心智获取。人们能够迅速地适应网络检索信息这种外源性认知任务。人们知道在网络中哪里可以发现信息，哪里储存有真实的信息，网络成了"记忆的外扩硬盘"[1]。

网络正在成为交互记忆的一部分。人们通过上网找到信息并跟踪外部记忆（谁知道答案），但是并没有保存内在记忆（真实的答案）。与传统人类交互记忆的其他对象（比如群体中的另外一个人）相比，网络更容易亲近，有更多的专业知识，能够提供比人类记忆系统更多的信息，它碾压式地超越了自然的交往对象。这些特征促使网络用户不必费力记住某些"非关键"的知识，而是在需要的时候向网络索取就可以了。

与此同时，费舍尔（Fisher）等人发现，与信息的认知工具（比如书籍和他人）相比，网络几乎是一直可以接近的，能被高效地用以搜索，并提供即时反馈。基于这些原因，网络比其他的外部知识来源，甚至比交互记忆的同伴更可能整合到人类心理过程中，从而提升了人们的知识错觉：认为我们已经掌握了相关知识，甚至无所不知。随着技术的不断进步，网络的响应速度越来越快，信息获取途径越来越便捷，算法的改进也让它给出的答案越来越准确。这逐渐让我们适应了一种新的学习和记忆机制：更少记忆，或模糊记忆，把精确的记忆交给网络[1]。

尼古拉斯·卡尔（Nicholas Carr）在他出版的《浅薄——互联网如何毒化了我们的大脑》一书中认为，互联网会让我们的思维变得浅薄。在思维变得浅薄之后，行动上我们也变得更加懒惰。互联网外包了我们的大脑，我们的心智模式和行为模式也随之改变，变得浅薄而懒惰[2]。

当然，互联网塑造的浅薄型大脑是中性的，没有好坏之分。问题是，如果一个人有清醒的认识，有积极探索的心态，能保持深度阅读和深度思考的状态，就能在互联网时代如鱼得水，还能避开技术的缺陷，充分地享受技术带来的福利。否则，人就是韭菜，不停地被收割。

四、网络与交互记忆

网络是一个交互记忆的伴侣，扩展了我们接触知识的范围。它的这种应用已经成为一种趋势，大大升级了我们搜索知识的速度和模式。我们无法改变科技发展的趋势，网络搜索甚至在未来会成为人类主流的行为模式。

这种模式可能会给我们带来危害，带来一种盲目的"我知道一切"的虚假成就感。有研究发现，人们对搜索网络的解释会扩大在无关领域的自我评价能力[3]，对自己不熟悉的领域越来越缺乏足够的敬畏，认为自己可以做出深刻的评价。看看当今网络上的人们，对自己不熟悉的领域指手画脚，这很大程度上源于这种盲目的自信。

同时，沃德（Ward）等发现，人们倾向于不精确地回忆他们内在记忆的最初来源[4]。人们在遇到生僻知识时，脑子里想的可能是上网检索一下，看那些信息是不是真的，因此产生了强烈的想去网上验证答案的冲动。我们的记忆已经和网络牢牢地捆绑在一起了，只模糊地记住了一些似是而非的内容，真正精确的东西还要依赖网络。这种趋势会让人们对网络的依赖越来越严重，或许过不了多久，我们大概都会穿戴能全天候拍摄视频的设备了，我们将越来越成为网络的附庸。

沃德等人进行了 8 个系列实验，发现当人们搜索在线信息时，不能准确区分内部存储的知识（他们自己的记忆）以及外部存储在互联网上的知识。相较于那些只使用自己知识的人来说，使用搜索引擎回答常识性问题的人不仅对自己获取外部信息的能力有信心，而且对自己的思考和记忆能力也有信心。

那些使用搜索引擎的人自信地预测，如果没有互联网的帮助，他们会知道得更多。这种错误的信念既表明他们对先前知识的获取存在错误归因，也凸显了这种错误归因带来的严重后果：当互联网不再可用时的过度自信。虽然人类长期以来一直依赖外部知识，但获取网上知识的错误归因可能是由于内部信息和外部信息之间的迅速与无缝对接所导致的，这也是网络搜索的特点。网络搜索往往比内部记忆搜索来得更快，使人们无法充分认识到自己知识的局限性。基于网络内容进行思考，可能会使人们把互联网的知识误认为是自己的知识。

也有研究发现，当网络搜索提出解决问题的方法时，人们会错误地对答案来源进行归因：明明是刚刚搜索到来自网络的答案，却倾向于认为此答案早就储存在自己大脑里了，而不是网络给的，产生了一种"学富五车"的成就感。所以，网络进一步放大了人们"知道一切"的偏见，又进一步导致他们无法成功地识别内部解释性知识方面存在的问题，最终使得他们在真正遇到问题时不能端正自己的态度。在无法检索网络时，便用一知半解的眼光看待和评论外部世界。

当我们开始利用网络搜索来代替个人记忆，从而绕过用不断重复来巩固记忆的内部过程时，我们就会面临清空大脑内存的风险。也就是说，如果我们能够控制自己不过多地依赖网络，而是更多依靠自己的大脑来思考，只是把网络作为辅助工具，我们的精神层面将不会受到太多负面影响。毕竟人若要被网络左右也不是那么容易。更重要的是，网络带给我们对陌生领域的一种盲目膨胀的自信，乃至"知道一切"的偏见，让我们沉溺其中，难以自拔。

总之，面对好的文章，收藏的那一刻我们是满足的，因为我们在点击"收藏"的那一瞬间，感觉自己已经掌握了这些知识，产生了已拥有这些知识的错觉。面对新的知识，在搜到的那一刻，我们并不是认为它存储在外部网络上，而更多认为它是自己的知识。在这种虚假的"已经掌握""知道一切"的自我膨胀中，人们会不断高估自己的能力，而不去直视越来越空虚的脑袋。

五、如何应对网络对记忆产生的影响

首先，网络科技的广泛应用是大趋势，互联网及其接入载体（电脑、手机、汽车等）已经成为人们快速获取信息的外部记忆系统。与已经通过外部设备获取的信息相比，人们更容易记住那些以后或许查不到的信息；更好地记住信息的存储位置，而不是信息本身。这些都是无法改变的趋势，在一定程度上它也可以更好地解放我们的大脑，让大脑去进行更有意义的思考。

其次，必须正视网络科技带给我们记忆上的弊端，特别要谨慎对待虚假的"已经掌握""知道一切"的错觉。我们应该正视互联网带来的记忆分散效应，有目的地建立属于自己的信息整理体系，将信息分门别类有序放置。在减轻记忆负担的同时，充分利用"人们更倾向于记住信息的存储位置"的记忆功能。

参考文献

[1] SPARROW B, LIU J, WEGNER D. Google effects on memory: cognitive consequences of having information at our fingertips [J]. Science,

2011, 333(6043):776-778.

[2] 尼古拉斯·卡尔. 浅薄：互联网如何毒化了我们的大脑 [M]. 刘纯毅，译. 北京：中信出版社，2010: 12.

[3] FISHER M, SMILEY A, GRILLO T. Information without knowledge: the effects of Internet search on learning [J]. Memory, 2021, 8(1):1-13.

[4] WARD A. People mistake the internet's knowledge for their own [J]. PNAS, 2021, 118(43): e2105061118.

算法推送让人走向庸俗

一、算法推送无处不在

很多人都可能有过这样的经历：在浏览网络页面或者打开手机 App 过程中，如果你曾点击一条关于健身的新闻或广告，之后就经常会收到各种关于健身知识、健身产品的推送。如果你在某个购物网站搜索了关于唇膏的内容，购物平台就会在你下次打开的页面里继续推送各类关于唇膏出售的信息，即便你是通过某个固定 App 进行的搜索，而另外一个 App 也能知道你的搜索内容，好像这两个公司串通好了一样。

目前社会，算法推送无处不在。

当今，朋友和亲人可能会忘记你的生日，但网络不会；朋友不一定了解你的喜好，但网络可以依据你的浏览记录提供适合你的选项。初次打开短视频网站，必然会出现各种吸引眼球的标题，让我们直面新鲜的刺激和难以抵抗的诱惑，当然，如果是男性，一定会收到隔三岔五推送的美女视频。只要你点开一两个视频，接下来往往就是无穷无尽的类似推送。在我们经历过一定时间和网络推送的互动之后，就会感觉网络越来越了解我们了，它推送的内容越来越接近我们的需求。结果往往带来无法控制的时间耗费，比如你本来只想在睡觉前刷个 5 分钟视频，结果放下手机时已经是凌晨一点了。

据说，在美国拉斯维加斯的赌场里，赌博机也会依据赌客的反应来推测他是否会放弃赌博。比如，汤姆的痛点损失是 1 万元，也就是说如果汤姆在赌场输的钱超过 1 万元，他可能就再也不来了。但这样赌场就会损失一名客人。于是，在汤姆快输到 1 万元的时候，赌场就会有个幸运大使出现，告诉汤姆，你今天手气不大好，但很幸运你有机会带你的家人免费在这里吃你最喜爱的牛排。汤姆一听立马就开心了，于是吃完牛排开开心心地回去了。最后，汤姆便成了回头客。

二、算法推送带来的利弊

不是网络多么善解人意，而是网络公司通过各种渠道收集了我们的个人数据，利用包括我们搜索输入的词汇、曾经登录的网站、浏览的记录、在不同内容上停留的时间等来建立对我们的多方面了解。网络公司利用大量的数据开发了一个算法，这个算法可以依据我们输入的词语和浏览记录预测我们的喜好，然后推送我们会喜欢的内容。

算法推送实现了信息的定制化，让我们可以更容易接近最关注的内容。但是，算法推送有利有弊。

算法推送满足了人们多元化、个性化的信息需求。通过定制化、智能化的信息传播机制，实现了用户与信息的快速精确匹配，大大降低了信息传播和获取的成本，为人们生活带来便利。

但是，算法推送在带来高效与便捷的同时，也引发了大量低俗劣质信息精准推送、大数据杀熟等诸多乱象。比如，在推送同类型视频的同时，算法还会不断尝试其他的推送类型，进而依据我们点击率的高低进一步推送更多我们可能会喜欢的内容，以留住我们的时间。

有些网络推送在满足我们需求的同时，还把内容越来越推向庸俗化，内容里很快充满香车美女，充满诱惑的火爆节奏，外加粗俗的恶搞视频等。我们往往意识不到的是，在这一过程中我们不知不觉地跟着走向庸俗化了。究其原因，网络依据我们搜索历史推送相关内容，但这些内容往往是有限的，比如我们搜索了"唇膏"，网络不可能一直推送与唇膏相关的内容，人们看多了会厌烦。为了继续留住用户，平台只能通过向用户推送其可能喜欢的内容来延长他的使用时间。于是，走向庸俗化是必然的，只有这些内容才真正符合人类本能的欲望，大概率会受欢迎。就是在这种不断满足我们喜好的过程中，我们看到的内容质量不断下降，内容越来越庸俗。

很多人可能感觉网络是按照自己的要求进行推送，虽然是有点不太好，但也无伤大雅，毕竟推送的视频我不看，或者推送的唇膏我不买就行了。其实，事情并没有这么简单。一些网络公司会利用自己的优势来作恶，以获取高额利润，比如搞"大数据杀熟"。有媒体报道，北京的韩女士使用手机在某电商平台购物时，中途用另一部手机结账时意外发现，同一商家的同样一件商品，经常使用、总计消费近 26 万元的高级会员账号，反而比注册至今仅 5 年多、很少使用、总计消费 2400 多元的普通账号，价格贵了 25 元钱。

不但如此，有人还发现，利用打车软件打车，使用价格高的手机和使用价格低的手机在同样一段路程时，结算价格居然不一样。高价格手机的路费要高于低价格的手机。不但国内如此，国外也类似。2000 年前后，亚马逊（Amazon）的一个消费者在删除插件后，发现同款产品的价格一下降了近 4 美元。这个消费者突然就意识到，亚马逊可能是根据顾客特征设置了不同的价格。

2018 年，英美主流媒体曝出了一则与脸书（Facebook）有关的爆炸性新闻。报道称，一家名叫剑桥分析（Cambridge Analytica）的数据分析公司，通过为脸书平台开发性格小测试程序的机会，收割了超过 5 000 万的用户数据。

这些例子说明，网络在掌握了一个人的特征后，在推送产品价格上也会进行适当调整。因为不同人对价格敏感度不同，支付意愿也有差异。对熟悉的顾客，对价格不是非常敏感的顾客，网络会给出一个更高的价格。因为同一款产品，每个人能接受的价格可能都不一样。相比起统一定价，差异化的定价机制更能提高商家利润。不但如此，算法推送还可以实施诸如干预选择等更加复杂的活动。

三、算法推送的逻辑

算法推送的逻辑往往非常简单直白：能不能引起关注，能不能诱发购买力。这一逻辑决定了推送内容必须满足和激发用户的愉悦体验，让他们沉溺其中并丧失辨别能力。为了维持用户的高度关注，那些夸大其词的情绪化文章，那些博人眼球的标题党，那些恶劣低俗的内容会更多出现在被推送的内容之中。甚至导致一些玩家在被诱发了多巴胺获得快乐的同时，价值观和思维方式被这些内容塑造并导向混乱。

网络领域将这种主动给人推荐的过程称为"投喂"，我们就像圈养的家畜，伸着脖子等待着施舍。网络上的炫富文化会给人带来很大的误解。比如，某短视频平台上几乎人手一辆顶级豪车，仿佛不拥有一辆就不是成功人士。而实际上是，此豪车在中国历史销量之和还不到短视频平台各路博主一年的购买数量。另外一种吸引人的题材是关于穷小子一夜暴富的神话。剧情基本是，前几天还窝囊受气的主人公，突然收到某长辈赠予的几十亿元财产，瞬间扬眉吐气并将曾经看不起他的人一顿奚落；某做事邋遢、丢三落四没有特长的公司前台接待员，受尽大家的嘲笑和责备，某天却被公司年轻的总裁爱上，且非她不娶。这类题材是普通人爱看的，因为它满足了人们不努力而实现阶层跨越的梦想。

尽管这些内容完全不合逻辑，但是却能满足普通人想一夜暴富、平步青云的心理，也最符合普通大众不努力即可成为富人阶层的臆想。在观看者看完视频、脑中多巴胺指数爆棚的背后，网络公司收获着天量的点击和源源不断的收益。这种"流量至上"的单一价值导向，往往让推送者忽略了内容本身的真伪和善恶，导致劣质信息层出不穷。而作为接受者，看久了这种粗制滥造的低劣内容，也容易产生价值错乱，分不清现实和梦想之间的区别。通过推送传播博人眼球的劣质低俗内容，以获取关注和流量的取悦用户之举，实际上导致了在网络空间中劣质内容的"劣币"驱逐优质内容的"良币"的现象。

在上面提到的"剑桥分析"的例子中，我们发现算法不但能依据我们的喜好推送内容，以满足我们的欲望，还能用来推广推送者的价值导向。作为一项技术应用，算法推送本身是中性的，但在"技术中性"的背后，却潜藏着推送者的价值导向。推送者可以利用内容的倾向性，将他们的价值导向有针对性地输送给接受者，在潜移默化中改变接受者的判断。

更严重的恶果是，基于这种价值导向的算法推送，会形成一个充斥恶劣低俗内容的"信息茧房"。我们接收的信息越来越单一，越来越缺乏多角度的不同意见。算法推送很容易让人自动过滤掉"不感兴趣"或"不认同"的信息，实现"只看我想看的""只听我想听的"，其结果造成不一致的观点无法进入关注的范畴，把反对意见挡在视野之外。最终，让我们在愉悦的同时窄化了视野。

四、如何应对算法推送

多巴胺带来的愉悦只能让我们成为数据，而主动抗拒浅薄的快感才能让我们成为网络的主人。

尤瓦尔·赫拉利（Yuval N. Harari）在《未来简史》一书中指出，未来 1% 的人能掌握算法，99% 的人能提供数据。大部分人把自己的时间切成碎末，以供养别人的算法；只有少部分人能够自己制定规则，成为算法工程师。这一说法虽然过于绝对化且有夸大其词、危言耸听的嫌疑，但仍然指出了算法在塑造人思维过程中的巨大力量。只要我们有意识地回避算法推送，按照自己的意愿查找和阅读，就能让算法成为只是为我们服务的工具。[1]

那么，在网络时代，我们究竟需要怎样的算法推送？又该如何应对并规范算法推送以趋利避害，营造网络空间的清朗生态环境？

从宏观层面，国家的相关立法建设应该迅速推进，我国需要建立网络安全个人信息的保护制度。我们经常接到各类推销电话，我们的信息在大数据情境下都是一样的难以保密。在微观层面，我们要做好自我防范，别在朋友圈中去作各种秀；应把相册加密码；尽量不要点击那些标新立异的标题；等等。

1.努力将数据暴露最小化

在使用 App 或者进行网页搜索时，尽量不要以登录方式进入，实在需要登录则用完之后尽快关掉。面对软件或 App 安装时弹出的手机或电脑数据读取请求，尽量点"否"，以拒绝它们读取手机个人数据的请求。而如果点了"是"，则表示你主动给予了它们读取数据的授权。

2. 减少接受投喂，更多主动搜索

应用类 App 的特点之一是，当你打开时它就会呈现你关心的标题或视频，甚至有短视频 App 会自动播放相关内容。我们尽量不要点击它们主动呈现的内容，而是尽量用关键词搜索自己感兴趣的内容，让 App 成为为你服务的资源，而不是让自己成为被它驯化的对象。

3. 使用好"主动拒绝"功能

即便我们能很好地保护自己的数据，然后更多主动搜索而不是被动接受，但仍然会收到各类的试探，比如隔三岔五会出现美女豪车视频，或一夜暴富内容。要记住，一旦出现第一次点击，接下来肯定是无穷无尽的美女入怀、赘婿升天的内容。面对频繁出现的此类视频，要主动出击，点击"我不感兴趣"这样的按钮，让平台主动了解你的喜好，这样我们也逐渐成为驯化平台和算法的高手。

参考文献

[1] 尤瓦尔·赫拉利. 未来简史 [M]. 林俊宏，译. 北京：中信出版社，2017: 1.

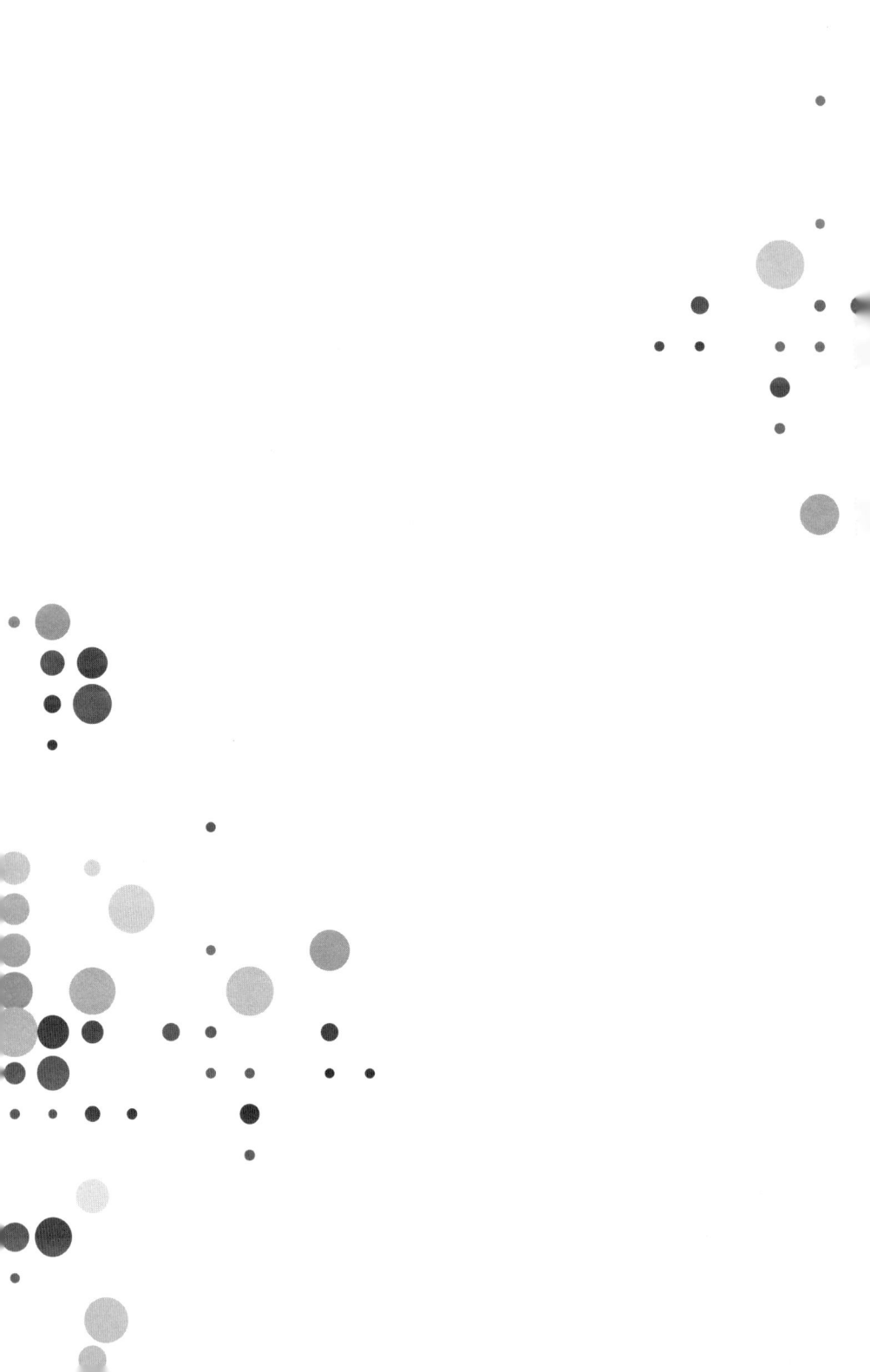

第二章

网络社交

网络对当代的人际交往提出了新的挑战。

网络社交打破了物理距离概念，建立了新的规则。人与人之间的联系并不取决于物理距离的远近，而取决于我们可以使用的交流技术及设备。网络让远在天边的人可以瞬间接收到信息，并给予及时的反馈，这一速度并不比面对面交谈慢。

网络社交建立了一套新规则。在这一套新规则里，一个咖啡馆（又比如一座公园，甚至一所房子）不再是一个公共场所，而是一个社交聚集地：人们在此相聚，但并不相互交谈，因为我们只是借用这个场地与网上的他人交谈。每个人都"拴"着一台移动设备，这台设备就像一扇大门，使我们与更多的人和地方联系在一起。

网络究竟怎样改变了我们的社交生活？它让我们的人际关系变得更亲密还是更疏远了？它让我们的生活变得更热闹还是更孤独？

点个赞，扫个码，
你是我的朋友啦

一、人类社交的历史

人类的社交能力是进化而来的，是人类适应环境的产物。在远古时期，一个个体是不可能单独去防御其他部落入侵和抵抗自然灾害的，也很难保证每天能找到足够的食物，所以他需要与其他人建立合作关系，相互交换信息和食物，共同协作狩猎和耕种，这样才能提高自己和后代的生存概率。

对一个原始部落里的个体来说，被迫离开集体就基本上失去了生存的希望。因此，被排斥会使人产生强烈的情感反应，而这种反应会被保存到今天的人类行为模式里。对一个个体或由个体组成的群体来说，没有什么比社交关系更重要的了，因为如何维护和改进部落内部的关系，事关人的生存和繁衍。

自从有了语言和文字之后，人类的社会生活也开始由简到繁。语言使得人与人之间的交流进一步便利，也催生出了新的社交类型，扒八卦、聊闲话成为人们生活的一部分。一些新的社交形式和仪式也逐渐产生，比如祈福、巫术、祭祖等活动。人们通过这些活动来表达价值观，并通过文字来更加准确地传递信息，创造出了更多的形式和规范。

后来，社会生产力迅速发展，鸿雁传书、诗酒唱和、雅集结社成为文人的主要社交方式。王羲之在永和九年邀请各路文人名流到兰渚山下的兰亭聚会。春暖花开，风光旖旎，一群文人墨客迈着悠闲的步子走在山林间。王羲之为了助兴，提出了一个传统的曲水流觞玩法，得到了大家的赞同。醉酒之际他写下的《兰亭集序》，已经被公认为天下第一行书。这都是社交的产物。

到了当代社会，社交对个体生存的意义在降低，在这种情况下我们为什么还要社交？社交首先就是兴趣交往。大家主要因为有了共同的爱好和乐趣而聚到了一起。这种以兴趣交往为主的社交会让大家交朋友更轻松。第二种就是以利益为目的的社交。事实上，很多都是这种类型的交往。社交的第三个目的就是心灵交往。这种交往是大家最向往而又是可遇不可求的。俗话说，朋友易得，知己难求，就是指这种社交。

纯粹的社交是没有功利主义的，交谈双方是通过交谈本身获得乐趣。一种社交如果缺乏知识与精神层面的交流，充其量只是交际。从这个定义来讲，虽然中国人喜欢聚会，但因为缺乏心灵的碰撞，往往不构成社交。真正的社交不累，甚至会带来愉悦体验，而耗费时间的"伪社交"才累。

二、网络社交的兴起

网络社交是互联网时代最明显的特征之一。当前的网络社交具有三个特征：工作化、关系网络的裹挟和错失信息恐惧症。

这些因素的综合作用，导致人们无法离开社交网络。

工作化是指原本为社交而开发的工具已经成为工作的重要沟通手段。以前需要口头甚至开会通知的内容变成了微信群或钉钉群的通知或群发。便捷性是人们愿意使用交流工具的重要原因，即时化的沟通提高了人们的互动频率，同时也让人们习惯了即时性的回复。

社交网络会裹挟我们的行为。如果周围的人都在用，我们不用就会显得十分另类。工作通知都用网络社交软件发送，如果你不用你就无法及时接收到信息。因此，只要它形成了一定的影响力和覆盖面，社交网络就会将所有人都卷入其中。这种潮流也产生一种社交压力，当你所认识的大多数人都依赖社交网络时，个人若不使用就会被这个群体孤立。当生活、学习和工作已然离不开网络这种工具，你也不可能脱离网络世界。

网络信息更新太快，不及时跟进你就可能听不懂别人在聊什么。结果往往给人更新信息提供了一种驱动力：早上刷朋友圈一定要翻到前一天晚上看到的那条动态信息为止；网上的流行语一定要尽快查明意思，然后努力做第一批使用者；周围突然大家都喊谁老公了，不看影视剧也要查查他的八卦，等等。就是这些不断刷新的内容，让人们必须及时更新知识，跟上"主流"。

这些特征的共同作用造成越来越多的人依赖网络社交软件。当信息全天候地渗透进我们的生活时，当那些不断闪烁的信息提示忠实地反馈着各种最新动向时，人们平静的心很容易在瞬息万变的网络信息面前变为犹豫，没有网络时就产生错失的惶恐。于是，我们加入了越来越多的"群"，添加了越来越多的好友。在添加好友扫描"滴"的那一刻，在其他人为我们的朋友圈点赞的那一刻，在朋友列表里又多了一个名字的那一刻，我们仿佛又收获了一位新的朋友。

可是，随着朋友列表上的名单不断拉长，我们的社交圈并没有变得更好。这是因为网络社交展现出浅层化、碎片化和低效率的特征。

浅层化是指在网络社交中很少会有深入的思考和沟通。特别是在一个微信群或 QQ 群里，几乎没有人会用足够的文字来表达自己深邃的思考。人们更倾向于使用相对简单化、固定化、仪式化的语言来表达思想。谈论的内容也更多是浅层次的信息，缺乏深层次的互动。

碎片化是指在网络社交中传递的信息受到手机屏幕的局限往往只是寥寥数语，百字以上已属长文，能够传达的信息相当有限，在反反复复的你一言我一语过程中信息更加支离破碎。在碎片化互动过程中，参与双方对真实意思的理解可能存在比较大的差异。

低效率是指大家能感觉到，本来当面 10 分钟能够说清楚的事情，在使用网络社交工具时反而需要花费更长的时间，甚至不得不再额外约个时间面对面说清楚。人们很多时候并不是真的有社交需求，网络社交只是填补闲暇时间的一种方式，使用者本身也并不期望有深入的交流。这也因此形成了大量为社交而社交的行为。

现实社交中的对话通常是句与句、人与人之间相互连接。网络社交中人们之间对话和互动的逻辑经常会被打断，对话和互动可能是断断续续的，也可能是有人在不停地说，另外一些人却说得很少。这种在网络社交中出现的即时性对话的失序，使人们之间沟通的逻辑不畅，自然也就难以形成深入的交流。

三、网络社交改写社交规则

在提供便利的同时，网络社交也改变了人与人之间的"社交礼仪"，从农耕文明的"翻山越岭去看一个人"到移动微信时代轻轻地敲击"嗨，在吗？"，或者一个简单的表情符号发过去而不需要了解对方是否愿意回复；从注重对眼前人嘘寒问暖，到转变为交流时去创造彼此感兴趣的共同话题，再到话不投机半句多，最终转身去找聊得开的人。

网络社会让佛系社交开始流行。佛系社交是指一种被动维持友谊的方式。他们不喜欢主动找别人聊天，你不理我，我能一直不理你。你要理我，我就回你。佛系社交让社交中的个体不再委屈自己，不再去调和两个人的差异，它主要采取通过挑选社交对象让"他人"一步到位的策略。在整个过程中，人们不再会过度专注于维持某一段关系，而是随时有很多退路。社交的过程更多演化为寻找的过程。

《菜根谭》中说："遇沉沉不语之士，且莫输心；见悻悻自好之人，应须防口。"意思是，遇到喜怒不形于色的人，一定不要急于推心置腹；遇到易怒且自以为是的人，要格外当心自己说出的话。这句话提示我们，在社交过程中要依据对方的状态来把握自己言语的"分寸"。而要达到有分寸，就必须控制自己的冲动和欲望，体察对方的状态，顾及他人的感受，进而调整自己的言辞。在传统社交过程中我们学到了一些看似无用却对人的成长十分有好处的东西。它让我们学会了控制自己并理解他人。

社交工具具有去人格化的特征，网络上不再能看到一个人原本的面目。因为网络社交缺乏人与人面对面的交流，我们不必委屈自己去掌握聊天的分寸，聊得开心就继续聊，聊得不开心就散伙。社交过程类似于到自助餐厅挑选自己喜欢的菜，而不是如何做好有效烹饪食材的过程。

其实，一个人对生活的体悟，就是在人与人之间的交往中逐渐被充实的。省略了这一过程，就相当于省略了人与人互动的磨合过程。人们之间难以再有传统上的"挚友"，更多的"好友"其实只是网络上"曾经聊过天"的关系，他们没有一起经历过考验和磨难，友谊也十分肤浅。快乐的时候，他或许愿意倾听你的分享，但没有人愿意在你低沉的时候听你的倾诉。于是，尽管好友列表里的人数不断攀升，可当我们孤独的时候，却没有人愿意倾听。

四、如何理性应对网络社交

让我们回归到没有网络的传统社会？这是不可能也是不现

实的想法。我们应该充分利用网络社交的优势，尽量回避它的缺陷。

网络社交能够扩大人们的交往范围，发挥弱关系的力量。马克·格兰诺维特（Mark Granovetter）于1973年发表了一篇关于"弱人际关系力量"的文章。他介绍并证明了"弱人际关系"（Weak Ties）的影响力：机会不仅来自我们交往甚深的朋友，很多时候还来自我们认识甚浅但与我们有着共同人际关系的人[1]。数十年后，《大连接》（Connected）的合著者尼古拉斯·克里斯塔基斯（Nicholas Christakis）利用新的社会数据，展示了三度以内的人际关系（包括你朋友的朋友的朋友）也会对自己的生活方式、情绪和行为选择产生非常重要的影响，而我们却对此毫不知情。而这些传播网络都不是直线呈现的，它们非常复杂、美丽并且无处不在[2]。

网络社交给弱人际关系提供了一个很好的扩展通道。通过网络社交能够很好地弥补现实社交圈"同质化"的缺陷。同质化是指我们受制于自身工作和活动范围的限制，认识和结交的人大部分和我们具有同样的特征。虽然这种关系可能更紧密，但由于人群的同质化，我们遇到的解决不了的问题在朋友圈中也有较大概率无法解决，因为大家同属一个圈子。而弱人际关系则可以在一定程度上弥补这一缺陷，它扩展了人群的范畴，在遇到困难时能提供更多启发和帮助。因此，只要我们能很好地利用弱人际关系，有时候它能为解决现实问题提供有效的补充。

面对网络社交的缺点，我们要时刻保持清醒的认识，主要从以下几个角度给予关注。

第一，记录每天使用社交软件所做的事情，并提醒自己时间都花在哪里了。特别是要记下我们使用社交软件每天做的无意义的事。这一策略可以提示我们，有些时间花得不值得。

第二，努力替换掉无意义的事情，并询问自己在做无意义的事时，会产生什么样的想法、情绪，以及这些想法、情绪的产生是否有道理，然后使用文字来描述你的感受。这一策略能帮我们将无意义的事情与情绪建立联系。

第三，采取转移注意力的策略。当你忍不住想看手机，怕自己错过什么的时候，可以转移自己的注意力，比如看看书，听听音乐，或者出去跑跑步，或者干脆把手机放在一个远离自己，需要付出一定努力才能得到的地方。这样的努力能让自己浮躁的心静下来。

让我们每个人都能很好地利用社交软件。

参考文献

[1] GRANOVETTER M. The strength of weak ties [J]. The American Journal of Sociology, 1973, 78(6): 1360-1380.

[2] CHRISTAKIS N, FOWLER J. Connected: the surprising power of our social networks and how they shape our lives [M]. New York: Little, Brown Spark, 2009: 9.

网络上那个完美的我

一、朋友圈里的她

丽莎终于决定要屏蔽好友亚婷的朋友圈了，这也是她最近屏蔽的第三个好友。不是她们之间出现了什么矛盾，恰恰相反，她们之间没有产生大的隔阂，甚至见面依然会热情地打招呼。但是，她却难以恢复到以前在一起的亲密状态了。

最初认识亚婷的时候，她们在一家咖啡厅，两人排队点了相同的咖啡，不加奶不加糖，在别人异样的目光中相视一笑。就因为这个，两人聊了起来，发现竟然志趣相投且相谈甚欢，彼此不管在生活习惯还是业余的兴趣爱好，甚至世界观上都具有很多共同的地方。于是不久，她们就变得亲密无间，经常在下班后相约一起游玩，一起逛街，一起享受美食。丽莎经常庆幸现实生活中能找到这样一个谈得来的朋友，并相信这份友情会一直持续下去。

但最近丽莎逐渐发现亚婷在朋友圈表现得越来越精致，精致到脱离了她的生活：一份简单的美食，一个稍有特色的背景，一个简单的自拍，都会在她多层滤镜之后变得完美而精致。最初丽莎并没有太在意，毕竟每个人都有自己的爱好。但是，几个月后她越来越难以忍受，因为亚婷开始频繁地更新朋友圈，她开始展示一些自己并没有真正经历的照片，比如海边度假，吃昂贵的大餐等。同时，两个人在一起的时间更多地被亚婷无休止的自拍和修图所占据，越来越缺乏深度的交流。她感到亚婷越来越虚伪，越来越做作。她也越来越少地给亚婷的朋友圈点赞，也越来越少地约亚婷出来见面，甚至产生些故意躲避亚婷的想法。直到有一天，她下决心屏蔽了亚婷的朋友圈。

丽莎不喜欢亚婷在朋友圈中形象的根本原因，不是因为她修图不够好，而是亚婷的一切看起来太假了。丽莎知道亚婷喜欢火锅，还喜欢点一份青椒大肠，但亚婷却频繁展示自己吃法式大餐的精致照片；相比那些很少去的景点，咖啡馆的闲聊给她们带来更多的欢乐。她感觉亚婷在现实中和网络上完全是两个人，她都怀疑亚婷是如何近乎人格分裂地维持两种形象的。这种感觉经常会给她带来失望和尴尬，这种失望让她们之间的距离感不断拉大。

二、网络上"完美"的我

1998 年，鲁博·克劳特（Rober Kraut）等人在《美国心理学家》（*American Psychologist*）期刊发表了《互联网的悖论：一种减少了社会参与和心理健康的社交科技》[1]。他们研究发现，人们的社交满足感会随着互联网使用时间的增加而呈倒 U 型趋势发展。在最初使用互联网的 1~2 年间，社交满足感呈上升趋势，紧接着从网络社交中获得的愉悦感和连接感会持续下降。他们同时发现，使用网络对人们的家庭关系影响最大，他们和家人的联系与交流会明显减少；此外，还会伴随着社交圈的缩小，抑郁和孤独感增加。

这其中很重要的原因是，网络社交让人看不清朋友的真实性格。因为人们总是倾向于在网络上展现理想的甚至完美的自我，这通常与真实形象存在一定落差。越是他们亲近的朋友，越能意识到其社交网络上的形象和真实形象的差别。很多人会把这归结为欺骗和背叛，他们会逐渐减少与这个人的互动，进而导致双方友谊逐渐淡化，直至最终绝交。

人们在面对不同人群、不同场景时表现出不同的一面是非常正常的。但是，社交媒体将这一特征成倍扩大：它将一个人不同的侧面迅速公开且扩大化。这必然会影响人们日常对一个人的印象，进而破坏友谊的进程。网络的我和现实的我之间的巨大差异是导致人际关系疏远的重要原因之一。

除此之外，网络社交让现实人际关系疏远的原因是虚假的以自我为中心。

豆瓣网站上有一篇《女人讨厌的女人们》的文章，列举了让女人反感的行为清单。其中排在第一位的是"事无巨细都要在朋友圈里报告的女人"。她们把生活中每一件鸡毛蒜皮的小事都展现在朋友圈里，她们的分享不断刷新着好友的朋友圈，仿佛这个世界都在围绕着她们旋转，都需要知道她们的心情。观察周围人群，这种情况在微信朋友圈和微博中显得十分突出。有些女人连削苹果流血、打死一只蟑螂或男朋友拉了下手都会拍照发出去。她们兴致勃勃地分享着每个生活瞬间，就像在直播自己的人生真人秀。可惜观众席上，除了父母，大多都是匆匆划过的路人，很少有人会真正关心这些日常细节。

崔西·瑞安（Tracii·Ryan）等人 2011 年发表在《人类行为中的计算机》（*Computers in Human Behavior*）期刊上的研究表明：相比控制组（不使用 Facebook 的人），使用 Facebook 的人表现出更外向、更自恋，同时表现出更低的责任心和在社交中更强的孤独感。同时，Facebook 的使用频率也和某些心理特征，如神经质、孤独感、害羞和自恋高度相关[2]。

在 Facebook 上的交流是一种广播式交流，不管是点赞还是评论，都在公开的环境下进行，这使得人们只能进行一种问候式社交。这种广播式交流或许对主动展示的一方是愉悦的，会带来分享的快感。但是对接收信息的一方来说，这种广播式交流其实是一种被动消费，他在打开社交媒体界面的那一瞬间，就失去了选择权。这种被动接收信息的方式，会降低人们的连接感和幸福感。

具有自恋倾向的人会不断地在网上播报自己的心情，而其他人则在被迫接受其散布的信息。尹善勇（Sunkyung Yoon）等人 2019 年在《情感障碍杂志》（*Journal of Affective Disorders*）上公布了当前对社交网络应用和抑郁症之间关系的 33 项研究，结论是，一个人花费在社交网络上的时间越长，刷新社交网络的频率越高，其抑郁程度越高。主要原因在于"社会比较"，也就是将自己的现实与他人网络中的生活进行比较，容易产生

抑郁情绪 [3]。

为了对抗他人"炫耀性"信息散布带来的负面影响,许多人选择屏蔽信息散布者,以减轻对散布者的负面印象,进而避免损害正常线下社交关系的发展。

目前,网络社交基本实现了对年轻群体的全覆盖,甚至占据了年轻人的生活。有数据统计显示,超过 20% 的人每天都会查看微信 50 次以上,而他们的年龄基本在 25 岁以下。通过社交网络展示一个"完美"的自我,可能增加了自身的虚拟幸福感,但对周围的人却产生了很大的压力。

三、网络中的我与现实中的我

美国麻省理工学院的心理学家雪莉·特克尔(Sherry Turkle)多年来一直关注网络对人的影响。她在《群体性孤独》(*Alone Together*)一书中指出,社交媒体给人太多幻想,让人们错误地以为自己在任何情况下都会被关注。而这种被关注的压力是双向的,一方面人们为了在他人眼中表现得更完美,会强迫自己去做很多不必要的事;另一方面又会占据情感制高点,看不上那些在社交媒体上不如自己有吸引力的朋友 [4]。

打开社交网络,一个个让我们羡慕的场景扑面而来。精致华美的餐厅,拥有超级长腿和完美身材的主人公,超级跑车的轰鸣声,世外桃源般的度假地。为什么他们都喜欢发这些照片?因为这类场景吸引人,能获取更高的点击或观看量。但是,这其中又有多少是真实的呢？曾经有一个段子：抖音上几乎人手一辆的劳斯莱斯，但 2021 年上半年其在中国的销量刚到 300 辆。

人们逐渐知道，在朋友圈里刻意营造的光鲜炫目的生活，并不是真实的生活状态。

日本的一档综艺节目《Nino 桑》调查了日本网络上人气超高的模特西上真奈美。她腿长 86 厘米，外貌清纯美丽，参加过时尚秀，网络上人气很高。她每天发的照片营造出完美的人设——旅游、养狗、美食、健身，看似快乐地过着充实而丰富的生活。

然而，节目组跟拍她一天之后傻眼了：她的照片全是作假刻意拍摄的，她几乎没有朋友。她的家一点也不精致，甚至屋子里堆满了垃圾而不打扫。她平常发在网络上的完美照片所呈现的生活，看似充实，实际上却都是假的。比如，西上为了看起来是跟好友出门，点餐都会点 2 份拍照，然后配上文字："昨天发生了好多事情，让我情绪低落，不过在朋友鼓励下我破涕为笑了。"实际上，西上的真实生活中根本啥事也没发生，一切都是为了在网络社群中吸引人来看。

西上完全以照片墙（Instagram）为中心，因为想秀恩爱拍照才交男朋友，因为想去时尚的咖啡厅喝咖啡才交朋友，朋友更像是西上拍摄的道具。为了拍摄参加朋友生日的照片，西上曾经在 2 月就为 10 月才过生日的朋友提前"庆祝"。但西上还为自己的行为找了一个正当理由：一切都是为了工作。

西上在 Instagram 上展现的是过于完美的形象。而这恰恰成了她人际交往的绊脚石。久而久之，身边的朋友都离开了她。

在现实生活中，相比起美丽闪耀的瞬间，一个人在脆弱和尴尬时的表现反而是加深友谊的时刻。因为暴露弱点的行为体现了信任，而彼此信任是友谊的基础。相反，一个人看起来完美且闪耀，可能将更多的友谊挡在门外。

归根结底，还是社会评价体系出了问题。一个人在社交网络上展现的形象，某种程度上已经变成了个人的品牌形象。社交媒体上的生活对真实生活的影响，已经从个人生活领域拓展到了工作领域。这让人更加重视对社交网络中的个人印象的管理。但对周围人而言，在被动的情况下，他们看到更多他人精心展现的形象之后，会下意识地以更高的标准来评估和改造自己的生活状态。

四、如何塑造网络中的我

在人们批评网络中的我不够真实时，往往忽略了一个真相：现实生活中的我也不一定是真实的。

心理学上有个专业术语叫"人格"，这一术语和我们通常所说的"个性"具有相似之处，也就是一个人表现出的整体外在特征。"人格"这一术语的本来意思是面具（Persona），主要是指演员在舞台上戴的面具。我们可以联想到中国京剧中的脸谱，不同的脸谱代表不同个性的人：白色代表奸诈，红色代表忠勇，黑色代表正直、无私、刚直不阿，蓝色代表刚强、骁勇、有心计，黄色代表勇猛、强悍，等等。心理学借用"人格"这个术语来说明：在人生的大舞台上，人也会根据社会角色的不同来切换面具，这些面具就是人格的外在表现。

网络上的我和现实中的我本质上没有区别，都是表演的成果。在现实中，一个人接触新环境的机会很少，往往会被框在固定的几个场景内，表演的空间受到场景的限制。网络的特征是匿名性更强、陌生人更多、表演的角色切换更随意，且角色的塑造可以远离真实自我而无所顾忌。

人本来就有创设一个更加完美自我的倾向，网络只是将这种倾向进行了放大。眼前的美好，都是每个人台前努力表演的虚幻的真实。网络给人们提供了一个可以更大发挥自己自由想象力的舞台，它让人们可以营造出一个完全不同于现实生活的版本，经历一个现实里完全没有经历过的生活。特别是为了满足自己的欲望而创设出一个近乎完美的我。

我们能够通过网络展示自己精心伪装后的"精致"生活，在炫耀的那一刻，我们是愉快而满足的，似乎我们真正拥有了一样。我们沉浸在这种短暂的快乐和虚荣里而难以自拔，享受自己创设的那个并不真实的我而难以割舍。

在享受这一切的同时，我们也付出了代价。我们这种现实与网络的分离特征可能会让我们失去亲密的朋友，甚至连自己也逐渐分辨不清哪个才是真实的我。

参考文献

[1] KRAUT R., PATTERSON M., LUNDMARK V., et al. Internet paradox: asocial technology that reduces social involvement and psychological well-being? [J]. American Psychologist, 1998, 53(9):1017-1031.

[2] RYAN T, XENOS S. Who uses Facebook? An investigation into the relationship between the Big Five, shyness, narcissism, loneliness, and Facebook usage [J]. Computers in Human Behavior, 2011, 27(5):1658-1664.

[3] YOON S., KLEINMAN M., MERTZ J, et al. Social network site usage related to depression? A meta-analysis of Facebook-depression relations [J]. Journal of Affective Disorders, 2019, 248(1):65-72.

[4] TURKLE S. Alone together [M]. New York: Basic Books, 2017: 7.

被简化的社交仪式感

一、《小王子》里的仪式感

我对仪式感的最初理解，缘于很久以前读的《小王子》里的片段[1]。

小王子在驯养狐狸后的第二天又去看望它。狐狸却说："你每天最好在相同的时间来。"

面对小王子的不解，狐狸解释道："比如说，你下午4点钟来，那么从3点钟起，我就开始感到幸福。时间越临近，我就越感到幸福。到了4点钟的时候，我就会坐立不安；我就会发现幸福的代价。但是，如果你随便什么时候来，我就不知道在什么时候该准备好我的心情…… 事情应当有一定的仪式。"

"仪式是什么？"小王子问道。

狐狸说："它就是使某一天与其他日子不同，使某一时刻与其他时刻不同。"

看见这些句子的时候，我仿佛看见一道光照进了我的心灵，我对仪式的价值有了新的理解。而在那之前，我认为很多仪式是自欺欺人的行为。比如，一个人不会因为过生日就真有什么变化，过年不会因为放了鞭炮日子就有所不同一样。但事实却逐渐改变了我的认知，因为有了仪式感，生活的确变得不一样。虽然生日那天也是普通的一天，但是因为有蛋糕，有家人朋友的祝福，我们会感觉那一天是不一样的；长大了的我们不再相信有"年"这个怪物需要我们用鞭炮来驱赶，但是鞭炮响起来，一家人捂着耳朵看着它们炸裂的瞬间，仍然显示出这个日子的特殊性。我们发现，是这个过程让我们感觉到这一天与众不同。

这就是我们日常所说的仪式感！

仪式感让生活成为有节点的生活，而不是简单的从出生到死亡的线性生存。

王小波说："一个人只拥有此生此世是不够的，他还应该拥有诗意的世界。"而拥有诗意世界的重要内容之一，在于我们给生活创造出了很多的节日或节点。这些节点看似将永无止境的时间切割为一个个的时间单元，让我们在其中感受生活的流逝和时间的意义。

二、传统节日与仪式感

现在，越来越多的人觉得年味越来越淡了，也就越发怀念小时候过年的情景。

记得那时候，一进腊月，年的味道就越来越浓，因为它弥漫在我们的日常生活里。在集市上，开始有卖烟花爆竹的了，为了做广告争相放几挂鞭炮，比一比谁的更响亮，那飘散的硝烟味就是年的味道。在山东，家家户户开始烙煎饼，烙好了叠得整整齐齐放在陶缸里，盖上包袱布等过年吃。鏊子上热气腾腾的煎饼薄薄的，有玉米的、麦子的、地瓜的，香香的，那味道是年的味道。

腊月二十三，辞灶（小年），是送灶王爷上天宫的日子。这天家家户户包饺子，买柿饼、糖果，在灶台边庄重地贴好灶王爷版画，两侧对联是"上天言好事，回宫降吉祥"。饺子下好了，端端正正地摆在灶台上，祭过灶王爷后我们才吃。从那天起，灶王爷就不在家，直到除夕那天"接灶"，迎接灶王爷和各路神仙回来。

腊月二十四，扫房子，把一年累积的灰尘和蜘蛛网清扫干净。先把桌椅搬出去冲洗，等房子打扫干净了，再把家具一件件搬回屋，那满屋子新鲜的味道是年的味道。

腊月二十五，做豆腐，要自己推磨。石磨很重，要两个人推才推得动。需要用勺子填半勺黄豆到磨眼里，然后有乳白的豆汁流到石磨下的桶里。还要煮豆汁，做豆腐脑，然后把剩下的倒在铺着包袱布的大竹筐箩里，架在盆上压上盖顶，盖顶上压上重物，等水渗得差不多，豆腐也就做好了。那豆腐的味道是年的味道。

腊月二十六是镇上的年集，大家都要赶在最后一个大集去置办年货。在堂屋的正墙上，有学校发的奖状，那新鲜的纸张油墨味儿是年的味道。大人还会给孩子几元零花钱，买些花炮，或买自己喜欢的年画，贴上后屋里顿时新鲜光亮起来。

腊月二十八九要炒花生、蒸馒头、蒸发团。半麻袋的花生早就留好了过年吃。

腊月三十，该忙的也就忙完了，写好的红对联等着贴到大门上，包饺子看晚会等待新年的来临。

大年初一，家长带着孩子挨家挨户给长辈磕头问好。孩子们跪在地上给长辈深深磕头，然后接过长辈的纸质红包，红包里有压岁钱，还有裤兜里被长辈塞得满满的花生、糖果，这是新年的味道。

恰恰是这些看似烦琐，甚至让我们感觉有一些厌烦的经历，却给我们留下了浓浓的年味。而现在，我们感觉年味淡了，这何尝不是我们越来越不重视仪式感的结果呢？

三、网络社交与仪式感

在真实社交里，人与人见面时的每一次握手、每一个拥抱、每一句寒暄、每一个眼神的交流，都可以拉近人与人之间的心理距离。在节日里，发一个纸质红包并写上几句祝福的话，给我们的感动要比网络上那漫天飘舞的看似绚丽实则廉价的祝福强很多。一句祝福，几次寒暄，也比那一串串冰冷的文字要温暖很多。而网络则将所有的内容电子化，将面对面的寒暄变成冷冰冰的图像，远离了真正的人与人之间的交流。

儿歌唱道："敬个礼，握握手，我们都是好朋友。"哪怕是对社交不是很懂的小孩子，交朋友都需要一个过程。需要在完成诸如"敬礼""握手"等仪式之后，一个陌生人才会被划归到"朋友"的范围之内。但是，在当前社交网络上，人与人交流的中间过程被一次性地省略掉了。交友路径仿佛变成了配对挑选的过程，网络社交往往让传统的社交仪式感荡然无存。

我们通常在自己的朋友圈、微博中分享自己经过精心修饰的照片，然后配以精心撰写的文字介绍。这个过程不是在与他人共创一个作品，而是在展示我们精心创造的人设。我们不是在向他人伸出一双手，也不是在为见到他人而做出心理上的准备，付出时间和情绪的努力，而是将自己精心打扮成一个抢手的"商品"，以便在货架（朋友圈）上展示自己光亮耀眼的一面，并等待对方的挑选和赞美。

在社交软件如此发达的时代，哪怕是在地球的另一端的素不相识的人，理论上都可以瞬间联系上，我们应该过得充实，朋友遍天下，没有时间孤单才对。可恰恰相反，更多的人似乎被内心的孤独纠缠。尽管我们每天都在联系，却感受不到人与人之间的温情。这其中很大的原因在于，我们的交往没有了任何仪式感。我们可以在网络上发一对微笑符号，但并不是真正给对方一个笑脸；我们寂寞的时候总是在发"抱抱"的符号，而在实际见面时甚至连手都懒得伸。

网络上的交流（微笑符号、抱抱符号）似乎让我们拥有了社交仪式的过程。然而真实情况是，网络不但把交往的仪式感从物理上消除，还不断地弱化这些概念。微笑的背后是应付，甚至有些轻薄；至于抱抱的表情，并不是真的要抱抱，它仅仅是安慰对方的电子符号。这个"抱抱"符号本没有用心发出，当然也不会记忆深刻。如果真的面对面来一个拥抱，那带来的感受估计你一个月也不会忘记。

四、仪式感的作用

马克·波坦扎（Marc Potenza）是我在美国耶鲁大学医学院交流期间的导师，他为人谦逊、学问精进。在耶鲁这种竞争激烈的地方，他很早就拿到了终身教职。我在他实验室里待了三年多，在这段时间内，我没有见他穿过一次非西装套装的样子。他的西装几乎每天都换，衬衣也是各种颜色和样式，但是正式的装束却从来没变过，即便是炎热的夏天，穿着薄 T 恤都可能出汗，但他依然坚持衬衣领带，在有空调的室内还会加上西装外套。

我好奇地问他："天热的时候，便装是否更合适？"他看着我的眼睛认真地说："我回家也会换上 T 恤和牛仔裤，周末陪家人的时候也不会穿衬衫。但是我工作的时候一定要穿着西装，它时刻提醒我是在工作而不是在休闲。"听了他的回答，我当即对自己穿闲散的日常装束感到不自在。大家可以观察，在很多工作中都有相对规范的着装要求，它们的重要意义之一在于提示我们这是在工作，而不是在休闲娱乐。

不但如此，生活里的马克也是个充满了仪式感的人。在每一年的圣诞节，我都会收到他寄来的带有他一家人照片的卡片，卡片显然是经过精心拍摄的那种。在一张 A4 大小的纸上，他写满了这一年中让他值得记忆和回顾的事情。这甚至都让我养成了年末阅读他家庭记录的习惯。有一年我没有在圣诞节前收到他的"年度故事"卡片，就忍不住地问他发生了什么，后来才知道因为美国东部下了特大暴风雪，美国邮政出现了大面积延迟。

现实中也有很多类似的情况。我有一位同事，家里每个人的生日都要尽量一起过。特别是孩子生日，她会在前一天晚上等孩子睡着后，将家里布置得很有节日的气氛，只是为了在第二天孩子起床时给他一个大大的惊喜。亲情就是这样，即使天天在一起也需要偶尔的仪式感来凝聚，重温一下家人的祝愿和感恩。很多人觉得烦琐的礼节其实都有必要。比如出门之时道一声"再见"，回家时问候一声"回来了"，与有事没事都打电话问候一样，这都是一种仪式。生活中的着装也是如此，每天整整齐齐，也是对工作或访友仪式的一些准备。

网络上的交流让所有看似细节的东西变得廉价。我们轻轻点击屏幕就能创造出漫天的烟花，动动手指就能点到可口的外卖美食。网络让生活变得简单直接的同时，也让仪式感荡然无存。仪式的确是把生活弄得复杂了一些，但只有这样才是真实的生活，才能有真实的感受，才能品味到生活和家庭带来的乐趣。而如果将这些都简化掉，生活似乎方便了、轻松了，但却像一潭死水，没有一点波澜。这会让人很容易忘记生活的样子，感受不到生活的快乐，生活也只是在生存而已。

日本作家村上春树提出了"小确幸"，它很大程度上就是指对待生活的一种仪式感，以一贯认真有趣的态度对待生活里看似无趣的小事，体悟到生活中小小的不易被挖掘的乐趣。他感叹："如果没有这种小确幸，人生只不过是如同干巴巴的沙漠而已。"如果我们能够认真对待身边的每一件小事，并且都带着庄重的仪式感，那么，生命就会从平淡中散发出不一样的光彩。

五、网络社交与真实社交

社交的重要特征使我们的交流具有双向性和互动性。真实社交中的重要准则，就是要求交流始终以对方、以社交对象为中心展开。我们要时刻观察、了解对方的心理状态，把握他是处于高兴还是郁闷之中，是正放松还是正忙碌，是紧张还是平静等。只有了解了对方的心理状态，我们说的话才能适宜恰当，才能更好地达到交流的预期。比如，如果对方正生气时你跟他开玩笑，可能是自讨没趣；如果对方正忙碌，你跟他聊闲话，他可能不会搭理你。相反，如果对方正无聊或无所事事时，你和他聊个新闻，他会很高兴和你聊起来。所以，社交时首先要观察你的社交对象，通过他的表情、动作、语言、语气甚至他手里拿的东西，预估他要去的地方等。以对方为中心，要贯穿社交的始终，要根据对方的反应随时调整自己说话的方向。

网络社交通常以自我为中心开启。网络让我们脱离眼神互动，我们在打字或者语音的时候，看不见对方的眼睛，也不知道对方正处在忙碌还是烦躁中，我们最重要的是把自身想表达的内容说清楚。社交在这一过程中变成了单向的宣传，而不是双向的交流。这必然导致我们的社交活动越来越以自我为中心。在社交过程中我们最重要的是展示自己，而不是满足他人。因为交流的对象不在眼前，我们也不知道对方当时的心理状态，我们能做的就是把自己的事情做好。

在人与人的相识过程中，我们对对方的投入程度，往往与在对方身上花费的时间成正比。只有这样，双方才能真正打开心扉，审视彼此，寻找灵魂契合。而网络让这一过程变成了简单的形式，没人愿意向网络上的另一个陌生人敞开心扉。现在的网络社交不再需要过程，如果需要，可能就是给对方点一个赞。

六、在现实生活中寻找仪式感

仪式感对于生活的意义就在于，用庄重认真的态度去对待生活里看似无趣的事情，不管别人如何，自己一本正经认认真真地把事情做好，才能真真正正发现生活的乐趣和价值。同时，两个人的婚姻需要仪式，它让我们敬畏世界和事物本身，同时强调了"婚姻"的存在和"自己"的存在，让我们满怀敬畏的同时意识到一个新生活的起点。仪式就是把本来单调普通的事情变得不一样。仪式让我们对所在意的事情怀有敬畏之心。

在网络时代，我们可能会轻易地丢失了这一次次的仪式感。基于电子信息的交流让人与人之间的见面不再是刚需，在虚拟世界的感情里卿卿我我不再投入真感情，在满屏的问候里并不能感受到真心的祝福。我们在享受这些虚拟产品带来的愉悦的同时，逐渐放弃了传统上日常人与人之间的交流和问候，放弃了日常生活里那些看似烦琐却重要的仪式。我们更多的是在无聊的时候抱怨社会，在迷茫的时候埋怨他人，却不愿意付出努力去经营生活，去体验那小小的仪式感所带来的对生活的感念。

参考文献

[1] 安托万·德·圣埃克苏佩里. 小王子 [M]. 刘夏，译. 北京：北京工艺美术出版社，2023: 2.

貌似热闹地沟通，实则孤独地炫耀

一、网络社交孤独症

李成最初是在朋友的影响下怀着好奇心开通了社交网络账号。最初社交网络带给他的是新奇和兴奋，崭新的人与人沟通方式也让他与朋友的联系变得更便捷。但后来，对社交网络的使用开始变味：他的生活逐渐变成上班打开社交网络，下班也打开社交网络，连在路上也要时刻惦记着网络上的内容。只要手机一响，他便会尽快打开看看，如果不及时看就担心自己错过了什么重大信息，当然更多可能是鸡毛蒜皮的内容推送。

再后来，李成开始整天刷屏，时时刻刻都在刷。周末原来经常约三五好友打球、郊游，现在更多的是在网上泡一整天。明明没有什么事儿，也一定要经常刷新网络，不由自主地打开社交软件，当意识到自己过分的时候，常常是一两个小时已经过去了。就这样形成了一个恶性循环。很多人都表达了类似感受：最初因为无聊才上网，可上网也变得无聊了，而且越来越无聊，睡觉前发现自己又无聊了一整天 …… 看似很繁忙地在社交，其实越来越孤独。

新婚不久的王女士，最近发现自己与老公越来越缺乏沟通。以前谈恋爱时两人常常谈心，一起逛街、看电影，开心地聊天，现在两人下班回家后就各自躺在沙发上刷手机，说话内容也是越来越精简，甚至一晚上也说不了几句话。她时常感到孤独，很担心这种状况不利于夫妻和谐，长久下去两个人仿佛就是搭伙过日子，感受不到婚姻的温暖。

　　在大学宿舍里，电脑和手机都很普及，很多学生在晚上回到宿舍后，或者戴上耳机在电脑前上网，或者躺在床上看手机，相互交流的次数越来越少。很多人越来越淡化个人的社会现实人际交往，对丰富多彩的现实生活提不起兴趣，在网络上繁忙地与他人互动，但在现实中却变得越来越孤僻。

　　2012年，中国青年报社会调查中心对全国31个省（区、市）16 491人进行的调查显示，83.2%的受访者坦言网络改变了自己和周边人的性格。"上网强迫症"与"网络孤独症"已成为年轻人两大最常见症状。在受访者中，"90后"占14.5%，"80后"占52.6%，"70后"占24.2%[1]。同样的情形也发生在美国。根据《大西洋月刊》（*The Atlantic*）的报道，在1950年，独居的美国人不到10%；而到了2010年，有27%的美国人选择独居，且近年来有进一步增高的趋势。在这几十年间，整个社会、文化环境以及人们的观念都发生了巨大变化，这些变化都可能是改变人们社交特征的诱因。但是，这几十年来最大的变化是互联网的应用。

网络上流传一个词叫"网络社交孤独症"，用来形容在看似繁忙的网络社交背后，人们却越来越孤独、越来越封闭。主要表现为人们与现实社会脱离，不参与现实社交活动，不屑也不想与外界进行面对面的沟通，更多是借助各种网络社交工具，以一种"身体缺席"的方式进行沟通互动。

二、网络社交让人越来越孤独

网络社交让人越来越孤独的特征已经被科学研究所证实。2019 年一项发表在《英国医学杂志：开放获取》(*BMJ Open*)的研究，尝试探讨了孤独与网络社交媒体使用的关系。在该研究中，研究人员收集了宾夕法尼亚州 2012 年至 2016 年期间推特（Twitter）用户发布的约 4 亿条推文。选定了 6 202 名推文中含有"孤独"或"寂寞"字眼的用户，并将他们与年龄、性别和发文时间相匹配的用户对照组进行比较。然后作者使用自然语言处理（人工智能的一个分支技术）来描述推特的主题和时间 [2]。

与对照组相比，在研究期间，发帖中包含"孤独"或"寂寞"字眼的推特用户所发布的推文多了 1.9 倍。发布关于孤独的推特用户，通常在晚上或夜间会使用与愤怒、抑郁和焦虑相关的词汇来形容自己。而且他们更有可能在推特上公布自己受损的人际关系、不良的身心症状、不良的药物使用、不健康的饮食和睡眠问题等。

研究者称，孤独是当前"公共健康的挑战"。网络社交媒体的使用试图将人们快速联系起来，但却让人与人之间更加疏离。他们引用了最近的一项研究，该研究发现，约17%的18~70岁的美国成年人报告说自己很孤独。但是研究者指出，目前还不清楚使用网络社交媒体平台（如Twitter）是否会使人们感到孤独，或者是否感到孤独会刺激人们去使用社交媒体。同样，孤独感与一些慢性精神病和身体健康状况有关[2]。

并不是所有研究都支持数字世界对孤独感产生影响的结论。现状是不断有相互矛盾的结论被提出，而且此类研究更多是采用横向对比，难以确定社交媒体使用和孤独感的因果关系。

诺兰德（Nowland）等人2018年在《心理学观点》（*Perspectives in Psychological Science*）上发表的综述论文指出，在孤独感和网络媒体使用之间存在着双向和动态的关系。当网络被用作加强现有关系和建立新社会联系的途径时，则是减少孤独感的有效工具。但是，当网络社交被用来作为逃避现实世界，从互动的"社会痛苦"中退出的工具时，孤独感就会增加。作者认为，孤独感也是人们与网络世界互动的一个决定因素。孤独的人更倾向于使用网络进行社交互动，并且更有可能以取代离线社交活动时间的方式来使用网络。这进一步提示：越是孤独的人越应该控制社交网络的使用[3]。

三、为何网络社交让我们越来越孤独

为何网络社交会让我们越来越孤独？这其中的根源在哪里？针对这一问题存在多种解释，综合当前的研究和分析，主要存在以下几个方面的原因。

1. 网络社交的工具化

网络社交与现实社交的应用情景有很大的不同，很多人在使用网络社交软件处理与工作相关的事务，从而发挥网络信息传递的优势，比如即时性、方便性等。但是，作为网络化工具，其交流和沟通的内容多数是公开的且不带有个人情感的，是一种带有工作性质的社交，社交的目的是实现工作目标或完成工作任务。在网络社交状态下，每个人都可以被视为设定了高级程序的人工智能机器人，只是为了实现工作目标而存在的交流端。

在现实中，人们的社交大多是在相对更具生活状态的情景下进行的，社交的目的是联络情感、增进友谊。在相对个人和私密的空间中，沟通和交流多源自于内心。虽然也会伴随功利性的目的，但是交流感情是更重要的目的。

孤独是一种情感体验，它与一个人内心深处的需求层次有关，并不会伴随我们通讯录中社交好友或联系人的增加而增强。朋友圈里那些所谓的联系人并不都是我们真正的朋友，有些只是一串名字或符号而已，和陌生人没太大区别。试想，如果一个人每天处于和机器人一样的陌生人社交模式之中，他能满足我们社交中情感的需要吗?

2. 网络社交的去人格化

屏幕后是一个个鲜活的人,但隔着屏幕却难以展示自己"鲜活"的一面。在现实中交流时,我们会伴随着不同的语气、语调、眼神、肢体语言等,甚至同样一段话,也会因语调和肢体语言的不同而迥然不同。尽管社交网络在努力模拟人们的这些行为,但只能满足很小的一部分,屏幕并不能传递出对方在文字、表情、语音背后的故事。

如果现实生活中面对面的交流是完整的,那么网络社交或多或少会存在残缺,这种残缺的交流模式将导致社交与情感的剥离,社交是社交,情感是情感,二者是截然分离的。这就是去人格化,将导致人们难以达到深层次交流的效果。人们通常用"对牛弹琴"来形容对方无法恰当理解自己的想法和行为,而网络社交就存在类似的体验,总会让人们在网络社交中留有意犹未尽的感觉,出现所谓越社交越孤独的现象。

由于网络社交的去人格化使社交与情感剥离开来,因此社交背后所依附的深层次情感沟通需求就难以实现。如果我们想寻求热闹的社交,网络社交就是非常方便的手段。但是,如果我们希望和对方有深层次的情感交流,那么这种热闹的网络社交反而让我们感觉孤独。

3. 网络社交的浅层化

网络社交容易使人越来越浮躁,越来越难以进行深度的沟通。每个人都越来越倾向于以自我为中心,倾向于应用网络社交平台去展示自我光鲜的一面，却不一定愿意去深入理解他人。这种"广播式"社交让我们越来越孤独、越来越封闭。

网络好友一般都是"网络上"的交流对象，而不是现实中的好友。真正有需要的时候，"远方的"网络好友难解我们的"近渴"，因为大家来自天南地北，只有在线时才能联系，很难对现实中的我们提供及时有效的帮助。当需求得不到满足时，我们就会感到孤独无助，甚至产生低落、焦虑、忧郁等不良情绪。

在现代社会，人与人之间的交往更多走向"30秒的温情"。如果一个网络短视频在30秒内没有打动我们，我们就会将其划走而不再观看；而在网络社交中，30秒决定了我喜不喜欢你，30秒决定了你给不给我东西，30秒决定了我是否准备骂你，尽管我可能根本没有看完全部的内容。结果就是，这种网络社交的浮躁使得人的耐心和教养出现滑坡。在面对陌生人时，顾忌和克制早已不存在了，话不投机半句多，一言不合就开骂。目前，在网上怼人、对骂已经成为一种流行趋势，这也是各种网络喷子不断涌现的根本原因。

从虚拟空间中获得的愉悦感和满足感根本无法带到现实中。网络社交非常容易让我们产生愉悦感，特别是对于具有一定社交焦虑或内向害羞的人。在网络上，人们不需要与别人进行面对面交流，社交压力（他们对接近他人备感不安，害怕受到负面评价或者被拒绝）几乎消失，人们会更加友好、更加开放、更愿意分享自己的内心想法。即便一个人在现实中可能是"社交失败者"，但在网上却是社交达人，与在游戏中的理想虚拟化身一样，他们同样可以把理想中的"我"投射成为网络中的那个虚拟的"我"。

显然，在网络上获得了越多的补偿，在现实中就可能会越逃避。人在虚拟空间的互动中获得的短暂舒服体验会在现实中衬托出更强的孤独、焦虑和依赖。结果往往是"网络上交朋友越多，现实中越感孤独"，这就是一种由落差带来的失落。无论一个人在虚拟空间里能获得多大的愉悦感和成就感，都无法代入现实中，也改变不了现实中的我们仍然是那个不善于交际、内心孤独的个体。这种反差会让我们对现实生活产生更多的焦虑、沮丧和虚无感，结果往往导致我们更加依赖网络，从而陷入"孤独—网络社交—成就感，现实—沮丧和挫败—网络社交"的恶性循环中。

我们不喜欢感受到挑战和不愉悦，可能是因为缺乏反思：我们在网络社交上花费了那么多时间，到底多少是有意义的？有多少能改变现实生活？毕竟，网络只是现实生活的一个补充，我们最终还是要回归到现实的世界里面。

《群体性孤独》(*Alone Together*)的作者雪莉·特克尔（Sherry Turkle）指出，互联网媒体使我们产生了三个幻想：我们在任何情况下都会收获关注；我们的想法和声音总能被他人收到；我们永远不必独处。网络在给人们沟通带来便利的同时，也会导致人与人之间关系的弱化，很多人与他人面对面交流的能力正在丧失。即便人就在身边，我们也可能通过社交媒介与其进行联系。这种从表面上看使人们之间的联系变得更轻松、更密切的联系方式，实际上却使人们更加焦虑、更孤单[4]。

虽然网络社交已经逐渐成为我们工作和生活的一部分，但我们不能期望从中获取足够信息并告别孤独。"千金易得，知己难求。"对于网络社交这种没有情感沟通和灵魂交互的形式，无论外表多么繁华，其背后的人始终是孤独的。

参考文献

[1] 中国青年报社会调查中心：调查显示 83.2% 受访者称网络改变了自己的性格 [EB/OL]. [2023-08-08]. https://www.techsir.com/a/201210/6030.html.

[2] GUNTUKU S., SCHNEIDER R., PELULLO A., et al. Studying expressions of loneliness in individuals using Twitter: an observational study [J]. BMJ Open, 2019, 9:e030355.

[3] Nowland R, Necka E, Cacioppo J T. Loneliness and social internet use: pathways to reconnection in a digital world?[J]. Perspectives on Psychological Science, 2018, 13(1):70-87.

[4] 雪莉·特克尔. 群体性孤独 [M]. 周逵、刘菁荆, 译. 杭州：浙江人民出版社，2014: 3.

"消失的附近"

一、熟悉的"陌生人"

过年亲戚聚会，原本是个欢乐的日子，但对很多年轻人来说，却似乎成了一种煎熬，因为要面对那些熟悉的"陌生人"，而且要占用一天甚至多天的时间。

小李就有这样的感觉。春节假期，原本是一家人团聚的日子。可现实是，每次小李千里迢迢历经波折回到家，也只是和亲戚朋友见面后简单寒暄几句而已。每年总会被询问几个老生常谈的问题，就像过年一样多年重复。然后，家人其乐融融地一起吃饭，交流和评价着饭菜、交流着一年各自的收获。但是在酒足饭饱之后，仿佛所有人都沉默了。

大家共同的话题就这么多，一顿饭的工夫就聊完了，为继续聊下去勉强找话题反而让人尴尬。大家也不知道怎么打破沉默，于是，大人和孩子都齐刷刷低下头看着自己的手机。每个人都沉浸在自己的生活里：他们将自己的美食照片和感悟分享到网络上，然后在里面和朋友高谈阔论，还不断点赞评述，分享着评论着各自的见闻。而对眼前的人，由于找不出几个话题，大家则相视无言，成了熟悉的"陌生人"。

网络社交圈有自己的运行规则，人们通过它向朋友们展示的多为自己辉煌的一面，且尽量不去打扰对方的个人生活。可是在亲人之间，话题却能百无禁忌，甚至很多长辈，什么敏感他们便问什么：工作不称心，他们就偏问你赚多少钱；对象刚分手了，就问你什么时候结婚。有些看似善意的问题却会触碰人们的底线，大家便干脆低头玩手机来敷衍过去，以免自己成为焦点。于是，原本快乐轻松的节日家人团聚，反而成了有些人每年的煎熬时刻。

二、网络与独处

自从网络出现之后，我们的基本生存状态仍然可以分为"独处"与"交往"，只是它们的范畴被大大扩展而已。如果我们的上网目的是寻找或浏览各种各样的信息，那我们是在独处。如果我们是通过网上微信、QQ以及其他方式与他人交流，那我们的行为就属于交往。

从人的基本生存状态角度看，网络对于人的独处和交往可以产生积极影响，主要涉及以下几个方面。

1. 网络增加了独处的丰富性

网络提升了人们独处的能力。由于上网非常方便，通过上网人们可以选择许多自己愿意做的事情，而不会感到无聊，比如看电影、听音乐、玩游戏、看新闻、查资料等。一个人仍然可以很充实。

2. 网络增加了交往的多样性和层次性

包括微信群、QQ群的交流，发短信、写微博、发公众号等，我们可以选择多种多样的交流方式，不论是互动型，还是发布型，都非常容易实现。

3. 网络增加了交往群体的选择性

我们可以在网络上和与自己有默契的人聊天；面对不喜欢的人，点击几下就能将其屏蔽。网络社交不需要委屈自己，它是一个选择过程，而不是适应过程。在现实中，我们之所以有时面对亲戚的时候如此尴尬，是因为我们没有选择亲戚的权力，没有一键将其屏蔽的功能。因此，我们需要将已经熟悉的网络社交方式转化到现实场景中。

在现实中，我们的社交可能受很多方面的影响。一个人的精气神，甚至身份、衣服外观等都会影响对方对你的评价。我们的声音、表情、动作都能传达我们的感情，使我们成为一个真实的、立体的个体。现实社交中我们要及时依据情境的变化调整自己的言语和行为。这些看似在消耗我们精力的社交过程，却在真正地影响着我们的幸福感。

与家人的交流是如此，与朋友的现实交流也是如此。

海利威尔（Helliwell）等人2013年发表在《美国科学公共图书馆》（*PLOS One*）期刊上的研究中，使用了加拿大的大型调查数据对比了面对面的现实社交朋友和社交网络朋友对一个人主观幸福感（也就是自己主观上觉得自己是否幸福）的影响[1]。他们随机选取了5 000人作为调查对象，结果发现，在控制了收入、人口学特征（年龄、性别、经济地位等）和个性差异后，现实生活中的朋友数量与主观幸福感呈正相关，比如现实生活中的朋友数量增加一倍，对幸福的影响相当于"收入增加50%"。与之相对的，一个人的网络人际关系寡众与幸福感毫无关联。所以，单纯为了增加朋友圈好友数量的行为并不会真正让我们快乐，我们更应该在现实中结交更多真正的朋友。从另一个角度理解，我们完全没有必要羡慕那些在微博或微信上有超过几千几万个关注者的人，他们并不会因此产生更多的快乐感。

这项研究还有另外一个重要发现：现实生活中的朋友对于单身、离婚、分居或丧偶的人比对于已婚或与伴侣同居的人来说要重要得多。这表明，越是缺乏直接交流对象的人，越需要摆脱网络社交，去寻找可以让我们真实体验到的现实友谊。可问题是，一个人越是感到孤独，就越倾向于做出更多的网络社交行为，想尽快摆脱单身状态，想尽快摆脱孤独。因此，网络社交对他们的危害往往更大，不但不能增加他们的幸福感，反而会进一步破坏现有的体验。于是就形成了一个恶性循环[2]。

近些年，"宅男""宅女"层出不穷，已经成为一个社会问题。这说明我们现在对虚拟世界的依赖正在逐步加深。人们越来越沉迷于网络社交，宅在家里时整天沉浸于网络社交，人与人之间缺乏面对面的沟通和了解。所以，现在社会中才会有越来越多的冷漠情绪在叠加。

三、消失的附近

人类学家项飙教授提出了一个概念：消失的附近。这个"附近"指的是个人与世界的真实连接。通过"附近"，一个人能够将自己的情绪投射出去并切实地收到反馈[3]。但在网络社会中，年轻人对"附近"不再感兴趣，他们不再关心小区里住了多少邻居，小区里最近有什么热门话题，街道附近菜市场哪家菜最新鲜，等等。人们将更多的注意力放到互联网的热搜话题上，并关注远方发生的自己感兴趣的事。

虽然，在社交软件或平台上人们也会建立"社区""圈子"，但是，这种概念都脱离了它原始的意义，成为一项应用功能。人们好像逐渐丧失了建立彼此信任关系的能力，原来那种自然的爱日渐式微。"附近"的消失在很大程度上源于年轻人对即时感越来越强的要求，因为人们在意的就是那几分钟。

当人们失去了与"附近"的联系，当新的事情发生时，人们将缺乏参与感，也没有宣泄的出口，情绪反应必然会很激烈。如果我们和附近的人都不熟悉，则很难建立起人与人之间的信任关系。尽管我们通过社交网络交友，却无法感受到真朋友的关心；我们虽然联系但并不是内心的交流。我们对人际联系的期望值在逐渐降低，并沉迷于线上社交的虚假友谊之中。

四、如何克服"消失的附近"

回到本节开头我们提到的过年聚会"低头族"的现象。这一现象的出现有两个方面的原因：被动的原因是人们对微信、微博等新兴媒介有过强的依赖性；主动的原因来自现实中与人交流和沟通的焦虑。

恰当的做法是，我们应该有意识地提醒自己，毕竟一年之中能与亲朋相伴的时候并不多，而年轻人与老人相伴的时间更是越来越少，莫要等到"子欲养而亲不待"时才后悔莫及。也许聚会中一些话题会引起年轻人的反感，但低头回避是解决不了问题的。我们要反向思考，如果平时能加强联络，利用好亲人这条性价比最高的人脉，一些就职、恋爱的机遇往往能更容易获得。社会上的一些现实情况或许并不能让年轻人满意，但这并不说明它没有存在的必要，我们应该把春节聚会当作一个学习的机会、一个与亲人沟通交流感情的机会，而不是用低头看手机的方式来排解聚会的焦虑。

此外，针对聚会时找不到共同话题的问题，年轻人应秉持学习的心态，可以不参与，但必须倾听。有时即使是亲戚之间的闲谈，也饱含着大量的民俗、人文、社会现实等信息，仔细听听是很有好处的。我们应记住的是，亲情不是可有可无，孝亲应是"规定动作"。起码，我们应该努力起来，因为我们现在怎样对待长辈，可能影响未来孩子怎样对待我们。

无论科技怎么进步，我们仍然需要通过现实的交往来获得幸福感和人际关系，仍然需要亲情的力量给我们带来勇气，仍然需要通过"附近"创造生活的价值。

参考文献

[1] HELLIWELL J., HUANG H. The happiness effects of real and on-line friends [J]. PLoS One, 2013, 8(9):e72754.

[2] CHRISTAKIS N. The hidden influence of social networks [EB/OL]. [2023-08-08]. https://www.ted.com/talks/nicholas_christakis_the_hidden_influence_of_social_networks.

[3] 项飙. 把自己作为方法 [M]. 上海：上海文艺出版社，2020: 7.

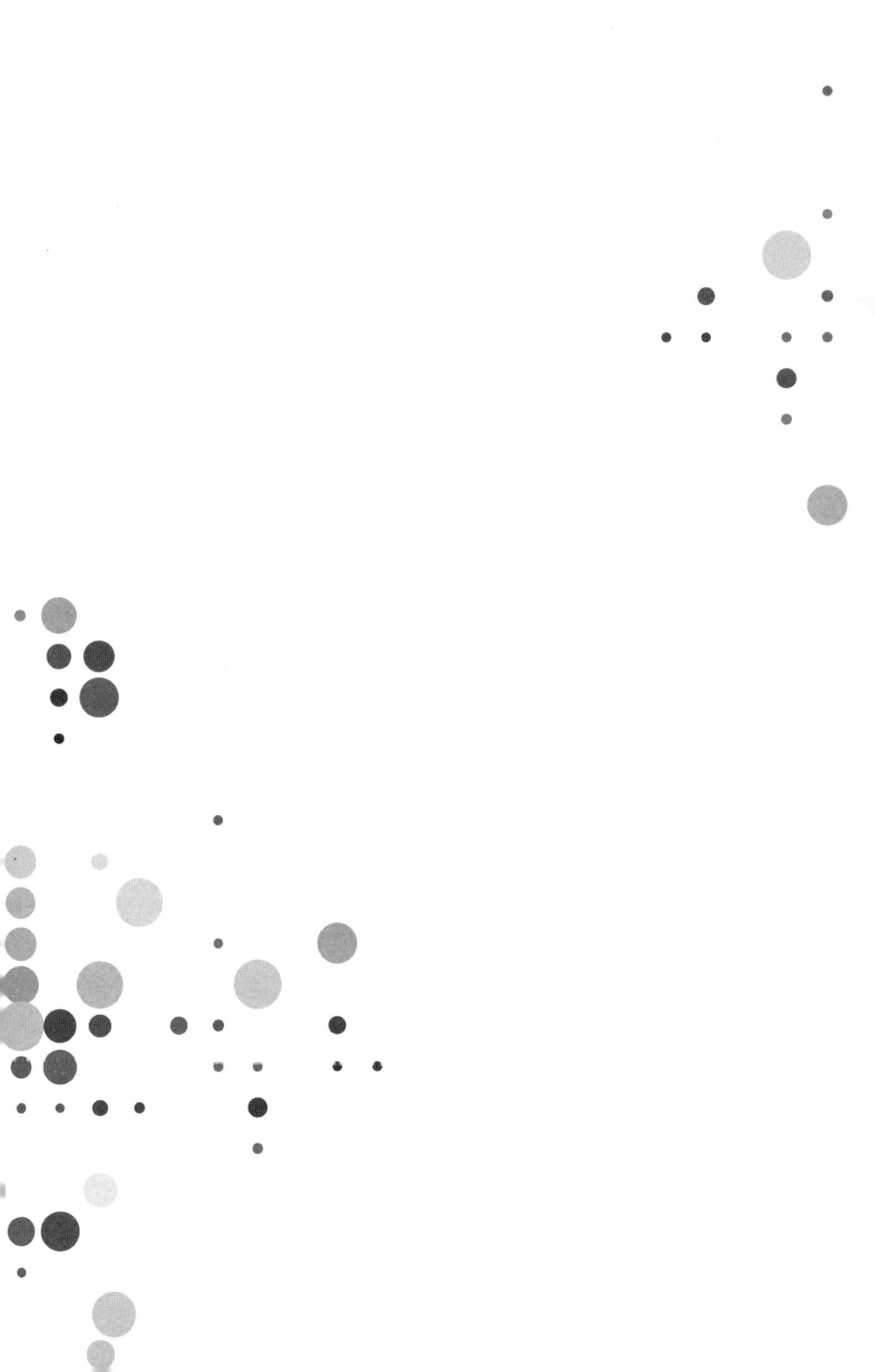

第三章

网络社会

"网络社会"是人们在网络中构建起的一个完整社会形态。它是基于互联网和感官模拟等技术发展起来的，虽然是虚拟的，但却是具有"实在性"的社会场所，人们在其中可进行真实的活动。

最近"元宇宙"概念大火。它打造了一个全新而完整的虚拟社会形态，创造了一个足够"以假乱真"的虚拟场景，在这个场景中，玩家可以自主设计并建造周围的一切。虚拟的社会将逐渐形成和现实社会相并行的一个社会形态。

在网络社会中，由于身份的隐匿性，我们可将网络作为宣泄对现实不满的工具，甚至攻击他人，制造群体事件；我们可在网上创造出一个不同于现实的我，并在网络中利用这一身份和他人交流，以获取互动的体验；在网上我们甚至会爱上一个人，而且不用见面，只是通过网络在精神上与之交流。在这种状态中，我们虽能享受着它带来的愉悦体验，却丧失了独立思考的能力。

网络暴力：
键盘上敲出的恶意

一、频频登上热搜的网络暴力

近年来，关于网络暴力的新闻经常登上各大媒体的头条。

2020 年，28 岁的杭州女子吴思琪（化名）卷入了一场谣言的旋涡。一段关于她被偷拍的视频在网络上流传，偷拍者把她作为独自在家带孩子的"小富婆"，编造出了"富婆出轨快递小哥"的剧情。这一信息很快在网上大肆传播，视频和微信截图被迅速扩散，甚至登上了杭州同城热搜。她的生活突然被彻底打乱，因为处理这件事牵扯太多精力和时间，她被公司劝退，此后的工作面试也接连失败，自己已经"社会性死亡"。

无独有偶，因确诊前去过多个酒吧，成都新冠肺炎确诊女孩赵某一度陷入网络谩骂之中，她的姓名、身份证号、家庭住址等个人信息被悉数曝光。无数人对她的个人行为指指点点，许多难听的话倾泻到她身上。面对确诊新冠肺炎这一情况，来自四面八方的议论不是同情，不是劝慰，而是为她送上一个个贬损的称号。更有好事者，将她的信息添油加醋，在网络上又添一把火。

在韩国，一位女明星由于在自己的推特中发布了一些自拍照片，遭到了广大网友的恶意攻击。随着事件的持续发酵，女明星终于无法承受这种网络暴力，患上了重度抑郁症，最终选择自杀。然而事情并未就此平息，网络上对她的指责谩骂变得愈发强烈，甚至有的人说她是在用死亡来逃避现实。

不但对个人，在救灾时，有明星或企业因为没有捐款或者捐款没有达到网民期待的数额，就被大骂没爱心。这种逻辑真的是"一言不合就骂人"，已成为一种道德绑架。

二、网络暴力的特征

网络暴力是指人们通过网络途径向他人或社会实施"软暴力"的行为。它往往具有诽谤性、诬蔑性、侵犯名誉、损害权益和煽动性等 5 个特点。其具体形式为借助于言论、文字、图片、视频，对受害者进行人身攻击、恶意诋毁。更有甚者会直接将这种伤害行为带到现实社会中，对受害者进行"人肉搜索"，将其身份、姓名、家庭住址等个人隐私公布于众，结果往往对他人的名誉、权益与精神造成损害[1]。

网络暴力通常不是由一个人完成的，它的产生需要基于一定规模的网民群体。大量人群共同处在网络平台上，借助网络虚拟方式，对他人进行言语伤害或威胁。特别是有些媒体一味地迎合、媚俗、八卦，刻意制造吸引眼球的事件信息，编造带有情绪化和挑拨性的话题，以及带有极强炒作功能的标题，再加上不明真相网民的点赞附和，这便形成一股强大的舆论力量，直接影响着当事人的生活，甚至还会给当事人带来精神折磨，逼迫其走向自杀等。

网络暴力主要表现出以下几个特征：①用词极端，态度偏激。施暴者使用的词语往往十分极端，常用谩骂、爆粗口、捏造事实、诋毁等方式对事件当事人进行强烈的攻击，甚至会出现诅咒、暴力性语言。态度也是极端偏激。②无法接纳对立意见。面对不同意见，不是去摆事实讲道理，而是直接攻击持不同意见的人，对他们进行抨击、打压，企图通过谩骂消除与自己不一致的观点，甚至以威胁消灭对方肉体等手段使对方闭嘴。③从线上转移到线下。不良言论在网上发布后，会煽动起不明真相跟风者的情绪，然后从最开始的线上谩骂转变为"人肉搜索"，发布当事人的个人信息及家庭住址等，并通过短信、电话，甚至到当事人家里实施恐吓、谩骂。

这些行为往往使当事人无法正常生活，甚至造成"社会性死亡"。它会使当事人遭受巨大的精神和舆论压力，很多当事人无法承受突如其来的压力，形成羞耻心理，产生抑郁情绪，严重者甚至会选择结束自己的生命。

三、网络暴力背后的心理

网络暴力是人性恶的一种体现。必须认清一个事实：网络的隐蔽性让人的恶意行为得到了放大。在用网络暴力攻击他人的同时，施暴者获得了施暴过程的愉悦体验和站在道德制高点向下批判的快感。那一刻自己仿佛成了正义的化身，用键盘维持着世界的正义与和平。殊不知，他只是借助网络这一工具释放了自己罪恶的深层欲望。那一刻，在键盘上敲出的不是字，而是恶意。这种恶意能伤人，甚至杀人。

1. 释放攻击欲望

弗洛伊德（Sigmund Freud）认为，攻击性是人的本能之一。在日常生活中，法律和道德约束着人们的攻击冲动行为，迫使人们遵守社会规则。但攻击的欲望并没有被消除。对人的攻击冲动的良性释放会让人心情愉悦，如拳击沙袋、大吼等宣泄方式，甚至各类体育运动都具有释放人类攻击本能的作用。很多心理咨询机构会设置"宣泄室"，人们在其中可以攻击玩偶或大吼大叫，以释放攻击冲动。

网络的匿名性和隐私性让人们的言语应用呈现出不同的发展趋向。它一方面能减少发言者过多的顾忌，使人们能畅所欲言地发表自己的观点，而不用担心被打击报复。但另一方面，匿名使人们错误地认为不再需要为自己的言行承担实际责任，因此可能产生侥幸心理，暴露出许多人性的弱点，出现恶意的言论。

在现实中一个人可能会遇到各种不如意或委屈，比如遭受上司的训斥、他人的冷落嘲笑，但迫于现实的压力他往往不能反驳。在网络上，人们不再小心翼翼地维护自己的形象，不再担心自己的言行将会带来什么后果，带着某些积累的怨气，便可能对其他的个人或群体进行泄愤或攻击。

泄愤是排解压力的一种攻击性行为，是一种比较大众化的心理特征。当人们在现实生活中积聚了大量不满时，就容易将网络当作宣泄口，并出现过激言论以满足自己的泄愤心理。像仇富心理，它是因为人们对自己的生活现状不满意，看到别人生活美满就产生嫉妒以及仇恨的心理。基于现实中积累的这些情绪，在自由和匿名的网络环境下，人们会选择一种对他人进行攻击的方式来解压，从而宣泄自己的不满。

2. 标榜自己站在道德制高点

在一些网络暴力事件中，不难看到许多施暴者以一种站在道德制高点对他人进行审判的姿态，说着许多"何不食肉糜"的话。他们认为自己是以"正义"的名义向他人施加压力，不会违法，更不会犯罪。他们并没有意识到自己的施暴行为是对他人隐私权和名誉权的侵犯。

一些人对传统道德的重视程度越来越低，但在发布攻击性言论时还不忘祭出"正义""爱国""慈善"等冠冕堂皇的名义。在 2021 年东京奥运会女子 10 米气步枪比赛中，中国选手王璐瑶未进决赛，她选择在微博中道歉，却被网民指责"失败了还有心思晒自拍""自拍穿的是睡衣"等，铺天盖地的语言暴力扑面而来。殊不知真正的爱国绝不是表现为偏狭与仇恨，而更多为包容。大多数人不过是宣泄情绪图一时口舌之快，在键盘上表现得"大义凛然"。

3. 满足自己的好奇心

新媒体的发展让人们对娱乐新闻的关注度日益增加。许多网民都是抱着"闲着也是闲着，不如掺和一下"的心态加入网络暴力中，并没有意识到自己的行为会给他人造成伤害，严重缺乏社会责任感。即便意识到这一点，由于存在责任分散效应，自己感受到的良心谴责也很少。

在本文所举的杭州女子的例子中，施暴者郎某告诉记者，他是出于虚荣心，抱着吹牛皮的想法和他人编造了聊天记录，配上偷拍女事主的视频发到了群里，只是为博大家一笑，没想到被人把聊天记录传了出去。事情传出去之后，很多网民本着八卦的好奇心，开始"随波逐流"，成为人们所说的"网络喷子"。他们往往不分青红皂白，就依据自己的推理开始发表错误的点评议论。加上互联网赋予个体的"麦克风"与"隐身衣"，被一些人滥用，以宣泄情绪、伤害他人。若任由此风蔓延，舆论场势必乌烟瘴气、戾气丛生，任何人都会面临无辜被"挂"和一"扒"到底的危险。

在日常生活中，当我们看到周围的人遭受欺凌时会产生同情心。但是在网络上，施暴者看不到被施暴人，缺乏同理心，其行为就难以控制。

4. 弥补现实生活中话语权的缺失

在现实生活中，每个人具有不同的社会和经济地位，话语权也不同。有相当一部分人在现实生活中并不享有完全的话语权，但他们却有着强烈的表达欲望，因此网络这一人人平等的发声平台就成为他们表达自己观点的重要甚至是唯一的选择，这也解决了表达欲望与话语权缺失之间的矛盾。于是，这些人带着一种"逆反心理"，在网络上宣泄负面情绪及不良言论。

四、如何应对网络暴力

针对网络暴力，我国正在制定更加严格的法律法规，以对这一行为进行规范，并为人们的言行划清责任。与此同时，个人在遇到网络暴力时，或许可以从以下几个方面来应对。

1. 尝试澄清

大胆表明自己的态度是我们必须要做的一件事。在疾风骤雨情景下，尽管反驳的作用很小，但如果不反驳，就会给人默认接受的感觉。因此，需要自己及时发布声明澄清，总会有清醒的人关注事情的真相。

2. 保留好证据

证据包括网络截图，将最初施暴者的网络截图保存备份等。如果收到实物的恐吓，则不要损坏，尽量完好地保存，甚至放入塑料袋中以保存指纹。这些都可以作为未来提交司法人员的证据。如果遇到现实的人身风险，务必及时报警。

3. 选择保持沉默，而不是和他们展开"对喷"

在发表澄清声明后，便可选择沉默应对。沉默是对付好事者最好的武器。网络上人多势众，和他们"对喷"没有任何意义，反而会让他们从攻击你的行为中获得快感。而如果让他们的挑衅得不到回应，只能自唱独角戏，那么他们很快就会丧失兴趣，而将注意力转向其他的热点内容上。

4. 爱自己，无论如何都不能伤害自己

相信自己不会被魔鬼打败。告诉自己，这些挫折可以很快过去。在别人攻击你的时候，你更要好好爱惜自己和身边人。如果你去伤害自己，恰恰满足了施暴者的期望。网络不是法外之地，人们的行为也会全程留下痕迹，他们会为自己的言行付出代价。因此，你要用微笑来调节自己的心情，要相信"公正或许会迟到，但不会缺席"，并等待他们受到法律制裁的那一天。

参考文献

[1] GIUMETTI G., KO WALSKI R. Cyberbulling via social media and well-being [J]. Current Opinion in Psychology, 2022, 45(6): 1-8.

网络中的虚拟：
虚拟的人物，真实的情感

一、虚拟的自我

　　一位女网友在网上发文写道：我是一个追求完美的人，每次和异性相处不久，他们就会让我很失望，这使得我至今没有长久的恋爱经历。我加入过"饭团"，喜欢过某个男明星，在大家都陷入疯狂的时候，我却发现他根本不完美，甚至让我失望。而现在，我在网上创造了一个"我"，这个"我"拥有我喜欢的一切，我开始迷恋"它"，每天脑海里都是"它"，我感觉"它"可能是我另外一个人格。

　　另外一个网友留言回复她：我终于找到和我有同感的人。我以前也爱上了我创造的虚拟人物，现在我偶尔还会想起"他"，重温一下美好。在我过去的成长经历中，与人交往并没有让我收获温暖，更多是让我受到伤害、感到焦虑不安，觉得不被爱、不被认可。每当这个时候，我会和我创造的那个"他"待在一起。那时候的我感觉被美好的温暖包围着。

　　这期间，这种类似于童话故事的想象对我来说是一种保护，并且有温度。我难以想象，在那个时期如果没有"他"我会怎样，我是否早已经冻死在冰冷彻骨的日子里。但是现在，我已经成熟了，并且有了爱的来源，我的内心变得充盈了。有一天，我和"他"正式道别，"他"就像散落的金色光点一样慢慢地消失了，并且对我说，只要我需要，"他"随时都可以回来的。

我个人认为，"他"是另外一个我，无条件地爱着我，在我不够强大的时候、受伤孤苦的时候，支撑着我仍然怀揣美好的信念，像童话故事一般美好。现在我慢慢强大起来，心理有了柔韧度，不再需要这样的童话故事，所以可以让"他"离去。

二、虚拟形象背后的心理机制

当今世界正经历着虚拟化的浪潮。不仅有越来越多的行为被网络化（比如购物、交友、游戏），"元宇宙"等概念的提出也让很多事物被网络化（比如出现网络货币、网络地产）。包括人类自身，我们已将更多的时间投入到网络的虚拟活动中，以构建一个虚拟化的自我。对很多人来说，网络上的虚拟活动已经成为网络生活不可或缺的内容，已经成为现实生活的一部分。

虚拟的自我正是这种虚拟化的产物。我们在网络世界中，塑造了一个可能与现实的自我完全不同的人。我们通过虚拟的行为、虚拟的物质生活、虚拟的人际交互，构建了虚拟状态下的自我。这个自我逐渐与现实的自我相脱离，成为一个相对独立且具有自身个性和需求的个体。

尽管是虚拟的，但必须说明，在网络上这个自我是"真实"存在的。有时候，这个自我还可能不止有一种人格，而是多种人格的综合。这个网络中的新角色超脱了现实的自我，能够在虚拟空间中自主选择、自由行动，甚至任意塑造自我形象。虚拟的自我可在网络中衍生，但其实那是一种现实的延伸。虚拟自我的作用在于它能够满足主体的欲望，并实现自己的价值。

明明是一个虚拟的个体，为什么我们还要那么沉迷于它？它满足了我们什么心理需求？

1.形象是虚拟的，心理感受却是真实的

虽然虚拟自我是人们在网络中自己构建出来的，它的交往对象更多局限于网络之中，但是人们通过网络中的虚拟自我却可以获得真实的满足感和仪式感。比如，虚拟自我可以参与虚拟战争，虚拟自我可以和另外一个网络个体在网上谈恋爱、结婚，甚至举办婚礼等。虽然这些行为都是虚拟的，但给人的体验和心理满足感却与真实情景具有极高的相似性。比如，让很多人迷恋的虚拟婚礼，人们在网上用虚拟的自我和"他人"结婚，并拍"结婚照"，甚至领"结婚证"，且以"老公""老婆"相称呼。

虽然网络聊天的对象只是一个符号，但这个符号是经过精心装扮而成的、具有一定形象和吸引力的个体。不同虚拟个体之间的互动，能给聊天对象带来沟通的快感并助其排遣寂寞，且这种感觉和现实具有极高的相似度。从这个方面来说，网络中的虚拟自我可以满足人在现实中的某些需求，而且这些需求或许在现实中暂时难以满足，或者实现起来需要耗费巨大的人力物力。但在网络上，虚拟个体之间可以摆脱现实的束缚，在与"他人"的互动交流中让你那颗孤寂的心得到安慰，落寞的情感得到宣泄，孤独的灵魂找到朋友。在做这一切时，你都不需要太在乎别人会怎么看你，甚至在网络上还能得到"他人"的尊重。

2. 虚拟的自我可以是理想化的自我

在现实生活中，一个人的个体特征往往存在很多缺陷和不足。不论是在个人外貌、年龄，还是在人际关系、职业，甚至性别上，我们都不一定感到满意。但是，这些都不是我们能选择的，我们只能接受它们。但在网络上，我们可以依照理想的状态来塑造自我，让改变自我的过程变得不再困难。

人们的内心深处都有使自己成为理想中人物的愿望。虚拟的自我可以成为自己理想中的形象，能够弥补现实生活中因为某些缺憾或压抑而无法表现自己的不足。虽然虚拟自我和现实自我可能具有一定的相似之处，但是网络中的虚拟自我具有自己的特性，而不是现实自我的翻版，它是利用数字化手段塑造出来的，能够实现我们的理想状态。其实，真正让人们向往的是我们内心对"完美"的期待，以及对一个完美对象的渴望。虚拟自我让我们有可能去实现自己的愿望，获得从当前不完美的社会暂时脱离的感觉。

3. 虚拟自我的情绪化宣泄不受现实约束

网络中的虚拟自我可以不受现实条件的约束，喜怒哀乐可以自由地宣泄而不必顾忌周围人的感受，不必在乎周围人的反应。网络的虚拟性让平时被限制、被压抑的情绪和渴求可以充分地表现出来，以获得情绪宣泄后的愉悦体验。

因此，虚拟自我的情绪往往十分极端。人们尽情地宣泄着自己的情绪，表达着自己对某些事情的不满。有些人在现实生活中处于社会的边缘地位，或者生活得很压抑，就更容易通过网络表达极端的言论以宣泄自己的不满。对于这一行为，只要不危害他人安全和社会稳定，就不会有人去追究，也不会对自己现实中的形象造成影响。

三、虚拟自我认同

伴随着虚拟自我的出现，产生了一个新的概念：虚拟自我认同。它是指我们是否认同我们创造出的"虚拟自我"？也是指个体对自己在网络虚拟世界中身份的确认。因为虚拟自我的身份并不真实存在，它只是网络虚拟环境中的"数据集群"，这些数字化信息构成了用户在网络虚拟世界中的外貌和身体，我们是否在内心接受这样一个身份呢？

虚拟自我认同是一种与虚拟角色自我表现有关的心理感受，涉及用户在自我表现中产生的想法、思维以及情绪状态等。这些心理感受将更多地受到个体自身思维、情绪和其他方面等因素的影响（有意识或无意识）。

个体因素和社会特征都会影响虚拟自我认同。个体因素是指在特定虚拟环境中作为一个人的自我确认，如同回答"我是谁""我属于哪里"等问题。社会特征则以个体属于某个特定虚拟世界为特征（如某人是一个或多个网络社区的成员，或者此人在这些社区所扮演的角色、地位等），是通过对某个虚拟社区或团体的归属感构建的[1]。在这些虚拟社区中，用户可以通过特定的俚语或数字化技能来完成虚拟自我认同，它是网络虚拟世界中自我评价的重要组成部分。例如，对于承担游戏比赛团队领导角色的个体来说，出于带领团队产生的责任感、比赛胜利后队友对自己的钦佩和尊敬等原因，他/她将获得与高能力、高自尊、优越感有关的自我认同[2]。

巴特尔（Bartle）在对参与大型多人在线游戏（MMORPG）人群的研究中发现，由于游戏中不存在现实中各种因素的约束（如法律、道德等），玩家们因此能在游戏规则范围内随意地行动。他将这些行动进行了总结，将游戏玩家划分成不同的人格类型，并归纳出游戏世界中的玩家也能被分为4个基本类别[3]。这一结论的得出也为今后更多研究游戏群体分类的理论奠定了基础。

在这一理论中，玩家可以被分为成就者（Achiever）、探索者（Explorer）、社交者（Socializer）和杀戮者（Killer）4种类型，每个用户都可以在这一虚拟世界中找到自己的位置并体验到相应的自我认同感。对于其他类型的游戏，也存在类似的角色类型。

1. 成就者

这种类型的人希望能够向朋友展示自己的成就，他们喜欢收集徽章并将其展示出来。这类人对诸如"航空里程积分"之类的奖励计划特别敏感，每多积累 1 公里就像取得一项成就。据巴特尔估计，大约有 10% 的人是"成就者"类型的玩家。你可能认识几个这样的人：夸口说他用了比他朋友更快的路线到达目的地。这就是成就者类型。

2. 探索者

探索者希望看到新的东西，发现新的秘密。他们对积分或奖品不那么在意，对他们来说，发现就是奖励。探索者对重复性的任务不感兴趣，只要他们最终能"解锁"游戏的新区域就会很开心。大约有 10% 的玩家属于这种类型。这些玩家会为了进入一个秘密通道而愿意在游戏中碰壁。他们这样做的满足感成为其行为的动因。

3. 社交者

大约 80% 玩游戏的人都是社交者。他们通过与其他玩家的互动在游戏中体验乐趣。社交者乐于合作，以完成比他们自己单干更大、更好的事情。比如，社交者乐意为别人的农场浇水，以换取自己农场需要的新作物。社交者的重点是，联合起来对他们来说才是有意义的。

4. 杀戮者

杀戮者与成就者相似，他们能从获得积分和赢得地位中获得刺激。与"成就者"不同的是，"杀戮者"特别希望看到其他人失败。他们具有很强的竞争性格，获胜是他们的游戏动力。他们想成为游戏中的佼佼者，而要做到这一点，唯一的办法就是打败其他人。巴特尔的研究表明，有不到1%的玩家是杀戮者类型。

值得注意的是，这些类型在个体身上并不都是单一呈现的。大多数人都表现出多种角色的综合特征。然而，大多数人都会有一个主导性的特征，这决定了他们的行动风格和偏好。

四、构建虚拟自我的利弊

儿童和青少年正处于自我认同建构的重要时期，网络环境下的虚拟自我认同对他们的影响十分明显。一项针对548名青少年网络游戏玩家的调查发现，有55%的12~19岁玩家声称感受到了自我的重要性，有66%的玩家声称自己属于某个团体，其中年龄较大的青少年（16~19岁）有着最为强烈的团队归属感。对于这群年轻的玩家来说，虚拟自我认同与其现实生活中的自我认同一样重要。此外，儿童和青少年的虚拟自我认同状态还不稳定，会跟随当下的文化潮流（音乐、服装时尚趋势等）而发生变化，这可以帮助他们探索和实验各种不同的自我形象。

尽管存在着某些弊端或负面影响，但构建网络中的虚拟自我是一个无法回避的趋势。随着元宇宙概念的兴起，网络公司进一步布局虚拟化的网络生活体验，目前在视觉和听觉上已经实现了虚拟化，而进一步的触觉等也会逐渐实现虚拟化，未来网络世界中的体验将会更加丰富和立体。人们将越来越倾向于在网络中构建起一个独立的自我。这种虚拟自我对个体、对整个人类社会的影响将逐渐显现。

参考文献

[1] ŠMAHEL D. Communication of adolescents in the internet environment [J]. Československá psychologie, 2003, 12(2):144-156.

[2] SMAHEL D., BLINKA L. & LEDABYL O. Playing MMORPGs: connections between addiction and identifying with a character [J]. CyberPsychology & Behavior, 2008, 11(6): 715-718.

[3] KUMAR J., HERGER M, DAM R. Bartle's player types for gamification [EB/OL]. [2023-08-08]. https://www.interaction-design.org/literature/article/bartle-s-player-types-for-gamification.

网恋：
对方似白纸，画上我想象

一、网恋百态

李先生（34岁）：

我在网上遇到了一位女性，我们俩聊得挺开心的。她的很多观点和问候都让我感到了灵魂与灵魂的碰撞。有时候，我感叹人海茫茫，但我们彼此找到了对方。这大概就是心有灵犀一点通的默契和共鸣，或者是相互的欣赏、彼此的守望吧。我们经常在网上情意绵绵，分享自己的所见所得，吐槽不顺心的事情。但是，为了保持这份美好，我们从来没有想过要见面，因为见面可能就是这份感情的终结。因此，我们就只享受那种精神层面交流的感觉。

王先生（38岁）：

我有一个朋友在北京工作，他是位非常优秀的职业经理人。在闲暇之余，他喜欢和网友们聊天，算是自我放松的一种方式。最近，他总是和一位叫"雪"的网友频繁聊天。他们聊得十分投入，似乎每天不聊点什么就无法干别的。网聊成了他们生活的一部分，他们生活的喜怒哀乐全在网聊中了。他们曾经决定见面，但是见面前的一刻他却反悔了。虽然这一举动让双方有些失落、有些失望，但最终他们还是庆幸这一决定。

李女士（36 岁）：

我是一个非常缺爱的人，朋友也很少。去年底我和交往两年的男友分手了，这是我的初恋，我痛得刻骨铭心，一个多月才勉强走出来，落差和缺爱让我开始不停地在各种社交平台上疯狂地找男性聊天。在众多男网友中，我唯独喜欢一个比我小5 岁的弟弟。在网上认识他到现在已经几个月了，我们在一个月前开始网恋，每天都在网上聊天、语音或视频。他非常会说甜言蜜语，真的能让人甜得不要不要的。

综合起来，人们网上恋爱的动机很多，通常源于一些突发事件，比如失恋、分离等都会引起人们用网络恋爱来平息[1]。目前，网上恋爱的动机更趋于社会化而不是个体化。对于那些网上恋爱的人来说，一方面或许是因为腼腆，另一方面或许是他们去了新城市，因为工作太忙而没有时间去结识新朋友。

还有一些，纯粹是出于肉体的欲望。他们打着谈恋爱的幌子去欺骗他人感情，其实就是为了肉体上的满足。这些人的不当行为致使大众对整个网上恋爱现象形成了极其负面的印象。因为这些人的行为涉及道德和法律问题，这不是我们所讨论的范畴。我们关注的是那些真正想通过网络谈一场恋爱的人，他们在精神上相互依赖，却不一定会走进现实（甚至从来没有考虑走进现实）。这些人的心理和行为才是本书这一节的核心内容。

二、网络与网恋

网恋已经不是一个新鲜词汇了，在这个善于创造网络流行词汇的时代，人们已经逐渐不再像网恋刚出现时那样热烈讨论它，也不再为网恋的人担忧。人们已经接受了这种形式的恋爱，并认为这只不过是恋爱的另一种形式而已。人们已经渐渐忘记，包括媒体和社会舆论在内，在网恋出现之初对其表现出的热切关注与猛烈批判。这些年，网恋在最初主流文化不断排斥它的过程中，已逐渐获得主流文化的认同，并被纳入其中，成了文化本身的无意识成分。

网恋一般起源于网上交友。可能有人会推测，那些喜欢网上交友的人，是不是在现实生活中都是沉默寡言、不善社交的人？事实可能恰恰相反，有大量的网上交友者更善于现实交际，他们自尊心强，在约会时表现得落落大方。通过网络交友的人并不是不敢亲自去解决问题，网上交友只不过是他们结识新朋友的一种新潮方式罢了。

事实也印证了这一结论。比如有调查研究发现，约6%的英国已婚夫妇是在网上认识的，西班牙为5%，澳大利亚为9%。从整体上看，年轻人占比更高。调查显示，在美国，26岁到35岁的年轻人通过网络相互认识并结婚的比例为42%。在英国，21%的已婚夫妇是在19岁到25岁时通过互联网相互认识的[2]。

网上交友的下一步，有些人会发展成网恋。网恋是一种借助互联网的、区别于传统的、超越空间的恋爱形式。相较于传统恋爱，网恋具有迅速、激情等特点，而且也容易"见光死"。"恐龙"与"青蛙"这两个当年炙手可热的词汇，就体现了网恋容易幻灭的特点。就网恋超越空间的特点来讲，这种恋爱并不是网络时代人们的专利。我们可以看到，无论是在现今文学作品中还是在古人的文学创作中，都有这种超越空间的恋情。我们知道存在终生通信来维系恋爱的恋人，他们伟大的、超越性关系的爱情常被世人称颂。

三、让人着迷的网恋

网恋为什么让我们这么着迷？

网恋就像一张空白的纸，可画上自己想象的美好。

真正投身到网恋中的人，都会对这种形式的恋爱进行美化。他们无不炫耀地称之为柏拉图式的爱情，并将自己全身心都投入到这种神奇的浪漫之中。在网络上人们相爱着，不用为生活中的琐事争吵，人们可以跟对方倾诉、撒娇；看到的都是自己心中理想中的形象，所以也不会觉得对方有什么不对。恋爱的美好更因为朦胧的距离而感觉更加刺激。在日常生活中也许那个人邋遢、懒惰、暴力，如果你和对方生活在一起肯定会没完没了地争吵。但因为没有真正一起生活过，你才不会在意对方在现实中的样子；而如果这一切发生在现实中，估计你会躲得远远的。从这个角度讲，网恋是让人兴奋的，而且两个人之间没有现实的利益纠葛和摩擦，所以更容易忽略对方的缺点并放大对方的优点。因此，这些都容易使人抛却尘世挫折，陷入无尽的幻想中，于是美妙的爱情故事就发生了。

网恋是热烈而发展迅速的，但也十分脆弱。

不难理解网恋的崩塌为何会迅猛而强烈，因为对方在很多方面的展现是空白的，我们可以在那里画上自己需要的形象。当网恋发展到线下之后的那种巨大的反差感，将导致破裂可能性增大。网上爱情有些虚无缥缈的感觉，但在感情的交流上却往往比生活中深刻得多。由于网上不存在现实中的实际问题，感情的交流往往可以直抒胸臆，起到缓解现实生活压力的作用。由于缺乏实际的接触，人们只能依据网上聊天的直觉和自己希望的形象来描绘对方，潜意识中为对方赋予了许多美好的特点，这也使网络爱情显得格外美。

网恋尽管很美好，但却十分脆弱。"网恋就是，删了好友之后，再无寻处。"不可否认，这是很多网恋的真实状况，一段虚无缥缈的感情，很可能因为一次小小的争吵就会彻底失去与对方的联系。

网恋像一个魔盒，它能带给我们神秘和惊奇。

我们总是幻想着自己在网上偶遇一个靓男倩女，然后和他/她网恋，不用担心什么，就是神秘，你不知道我，我不知道你；但是就是好奇，对你感兴趣！然后一点一点地沟通。

现实中的恋爱就像赌博，你对面的人是好是坏，是美丽还是丑陋，特别是深藏在外表之下的性格都像开盲盒一样难以预期。而网恋只限于精神上的依存和交流，不用见面，所以你大概率不会被欺骗。

四、如何看待网恋

了解了网恋的原理，就能更好地理解我们的恋爱关系，理解网络带给我们的新的生存状态。

我们该如何看待网恋呢？

网络聊天就像做数学题，需要你头脑冷静，并且进行理智的分析。如果你的头脑不够冷静，如果你很感性，那还是别太频繁地网聊。网络是一个虚拟的世界，那端的他（她）仅仅是陪自己说说话的虚拟人物，我们无法透过显示屏看到对方的全部。所以，网恋时二人的聊天就像小时候在学校里传字条那样，无聊而又容易上瘾。

别指望在网络上找到自己的终身伴侣，因为实在是没什么成功率。如果无法了解对方的全部，你又怎么能把自己的终身大事建立在如此不靠谱的沟通方式上呢？

网恋是来得快去得更快。网恋可以让你在聊天一晚上之后，就会倾心于对方；三晚之后，你就会傻傻地说爱他（她）；一周之后，你就会海誓山盟地挚爱他（她）一生；十天之后，你就会愿意把所有的都给对方。但是，毕竟真正的感情要走向现实，婚姻必须能承受现实中的鸡毛蒜皮才能走得更远。

参考文献

[1] BARRAKET J, HENRY-WARING M. Getting it on(line): Sociological perspectives on e-dating [J]. Journal of Sociology, 2008, 44(2):1-14.

[2] STAFF H. The advantages and disadvantages of online dating, healthy place [EB/OL]. [2023-08-08]. https://www.healthyplace.com/relationships/ online-relationships/the-advantages-and-disadvantages-of-online-dating.

网络集群行为：
"侠客"的狂欢

一、郭美美事件

2011 年 6 月 21 日凌晨，一条"今天小白限行把小 MINI 开出去遛遛……开着有点不习惯"的微博发出后，很多网民开始对其博主"郭美美 baby"予以关注。特别是当网民看到其在微博上的身份认证"中国红十字会商业总经理"的头衔后，更是很快引爆网络。20 岁，价格不菲的豪车、名包、别墅等都与其年龄不相称，信息立时引起网络疯转。

虽然郭美美出来澄清身份，但仅仅在一天之内，事件从炫富的郭美美个人转移到了中国红十字会。随后的几天，网民对中国红十字会展开了大规模的人肉搜索。

6 月 22 日，中国红十字会首次现身并回应称与本事件当事人无关。同日下午，网上流传出"郭美美事件关系图"，将可能涉及的人、中国红十字会，以及一些商业系统的人和单位的复杂关系列举了出来。

6 月 24 日，各大媒体开始介入。中国红十字会发表第二次声明，否认与商业集团有合作，不存在善款分成问题，并决定利用法律来维护红十字会的合法权益。但此时，各种谣言开始满天飞。

6月26日，有传言称郭美美母女二人将于次日逃往澳大利亚，于是网友发起阻止郭美美母女逃亡的行动，甚至有大量网民致电澳大利亚大使馆要求取消她们的签证。与此同时，很多网友在网上相约不给红十字会捐款，以致红十字会在此事件后受捐数额急剧下降。至此，这一事件由线上议论转为线下行动。据统计，2010年各地红十字会接受捐款为100.5亿元，而受郭美美事件的影响，2011年仅为26.5亿元，多地收到的社会捐款几乎为零。

就在那几天之内，网民的质疑和猜测将中国红十字会推到了风口浪尖。人们的关注点已经从郭美美个人转移到中国红十字会这一组织上，认为其管理存在巨大的漏洞和问题，很多历史旧账也被翻了出来。在随后的时间里，一边是红十字会极力补救，而与此同时，网民对红十字会存在的问题层层扒出，甚至曝出账目10年未审计等内容，红十字会的名声受到重创。甚至，红十字会相关人员的微博都会伴随网民的一片骂声。

至此，事件并未真正结束，8月3日郭美美接受专访，承认是自己虚荣心和攀比心理在作祟，并强调自己的行为与红十字会无关。但是，她没有直面回答核心问题，网友显然对这样的回答并不满意，甚至认为这不过是欲盖弥彰的敷衍之辞。其社会公信力再一次遭受质疑，网友决定用自己的方式来寻求真相，事件又一次火爆起来。

从此以后，任何涉及富家女炫富的事件都被冠名为"某美美事件"。郭美美事件从此成为网络中的一个专属名词。

二、网络集群行为

像郭美美此类事件被称为网络集群行为。

集群行为（Collective Behavior）是一个社会心理学的概念，它的定义是：在相对自发、不可预料、无组织的，以及不稳定的情况下，对某一共同影响或刺激产生反应的行为。

在我国，集群行为从 1993 年的 1 万起迅猛增加到 2007 年的逾 8 万起，成为新时期典型的社会问题。集群行为引发的群体性事件给社会的稳定与和谐带来了隐患，这与我国转型时期特征有关。在新旧社会结构和价值观念存在冲突的时期，社会文化日趋多元，但收入分配不公、教育资源分配不公、公共卫生及健康等问题日渐突出。同时公共话语空间的缺失、利益表达机制的不健全、言论自由的匮乏、少数地方政府有损民众利益的情况时有发生，以及社会控制不当等社会现实所导致的社会矛盾激化，容易使处于相对弱势的大众对现实环境产生不满，并对各类强势群体产生敌对和仇视。

随着网络的普及，网络信息传输的无界限可以让信息迅速地遍及每个角落。人们的情绪更容易被网络上的信息所左右，于是更容易产生集群行为。大众在现实环境中形成的不平衡感被剥夺，会促使其产生各种外显的或内隐的需求和动机，这正是人们进入网络或者参与网络事件的根本动因。同时，网络的种种特性又使其成为人们满足需求、宣泄情绪、消除紧张的理想工具和渠道。

相较于传统的集群行为，网络集群行为有以下几个显著的特征。

1. 自发性且传播速度快

集群行为多为没有预谋，而是一群人受到某种巨大刺激后，自然跟进参与的行为。有些甚至连参与者都常常无法预料其发展趋势。由于网络信息传播的即时性，公众事件很容易在某一时间点上爆发，并形成群体行为。更进一步，由于网络具有匿名性等特征，公众事件非常容易使一群情绪激动的人聚集在一起，竞相做出某种过激行为。

2. 狂热性且自带情绪

狂热的集群行为会使每个参与者情绪都异常激动，其行动完全被情绪所支配。在暗示与感染机制作用下，群体成员相互模仿，且有很强的从众心理。网络群体犹如处在现实状态下集合的群体，每一个个体失去了独立思考的能力，大家有着共同的信念和态度，表现出一致的行为，并能很快形成群体意见。特别是当出现"富二代""官二代"等敏感词汇的时候，信息便具有更强的传播能力，参与的人群更是非常狂热。

3. 容易引起情感共鸣

德国传播学家诺埃勒·诺依曼提出了"沉默的螺旋"概念并指出，当人们看到自己的观点与大多数人的观点一致或接近时，就会积极地参与到信息传播中来。而相反，如果他看到自己的观点只有较少人赞同，一般会选择沉默。于是，在信息传播过程中，观点一致的多数人的声音越来越大，而与之相反的声音则越来越小。相较于传统的人与人之间的信息传播，网络为人们寻找共同的观点和身份认同提供了绝佳的平台，通过网络可以很容易地找到大批观点一致的人，并且他们的声音可以不断得到放大。这一特征具有把一个很小的个体事件在短时间内发展成群体事件的能力。

4. 短暂却可能不断旧账重提

由于集群行为是在一时情绪冲动的情况下产生的，因此它持续的时间不会长久，往往是大家发泄了内心的积怨和愤怒，进而减轻了心理紧张情绪，行动便告结束。如果再持续下去或被人利用，可能会成为有组织、有目的的活动，就不再是集群行为，而是群众运动了。

但是，网络集群行为往往会伴随回声。单个事件过去了并不表示整个事件的结束，当事人或机构的信息还会不断被关注，其任何行为都可能在网络上再次被炒作起来，以致事件进一步发酵。比如郭美美事件，至今仍然不时出现在公众视野里。

三、网络集群行为背后的心理机制

为什么网络集群事件这么容易发酵？核心在于网民借此宣泄压抑情绪并获得快感。

前面已提到，在社会转型期民众关心的热点民生问题对传统的制度设计提出了挑战。而与此同时，当老百姓的利益受到侵害时，只能通过信访和司法两种渠道。而当这两种渠道由于多种原因不通畅时，很多的不满无处宣泄，只能通过网络这一平台来宣泄。

近年来，网络集群事件主要涉及以下几个内容：①一般性社会问题。主要涉及官员的贪腐，往往会引起网民的密切关注。②涉及社会"公平"和"正义"的问题。一些特权现象、司法不公问题成为舆论的焦点，网民对弱者遇到的不公正待遇异常敏感。③涉及伦理道德的问题。网民对于社会伦理、公共道德的缺失深感痛心，一些有悖社会基本道德和伦理的事件往往在网上会引起"声讨"。④涉及百姓切身利益的话题。车价、房价、油价、股价等，以及教育改革、医疗改革、国企改革、金融改革等。⑤涉及公共安全、重大事故、自然灾害、环境污染等的事件或话题。

网络集群事件为由这些问题带来压抑和不满的群体提供了情绪宣泄口。人们可以对事件当事人进行辱骂和人肉搜索，当看到当事人受到相应惩罚时，他们获得一定的快感。

动脑子搞清真相太累，跟着感觉宣泄一番既简单又爽快。

很多网民对攻击的事情自己根本不了解，只是在网上听别人说，看别人骂得好玩，自己也就跟着骂。

我们再看一下郭美美事件的信息传播过程。2011年6月28日，也就是事件发生之后第六天，中国红十字会首次召开记者发布会，只邀请了6家官方媒体参加，其他媒体都被拒绝。同时，这6家媒体基本上只传播了官方化的表达，而缺乏实质性的内容，对公众关注且想了解的信息避而不谈。结果，这一操作不但没能消除公众的质疑，反而进一步激怒了舆论，使事态进一步扩大。

面对网民的质疑，传统媒体选择了避而不谈，没人愿意发表过多的评论，生怕影响自己的利益。而这种躲避的方式让传统媒体的话语权进一步衰弱。越来越多的网民不再关注传统媒体，而是将注意力放在不断更新的网络内容上。在这一过程中，新媒体由于具有及时、不回避等特征获得了越来越多网民的关注，而传统媒体的话语权进一步丧失，沦为较少受关注的官方发布平台和自我辩护的发声器。传统媒体的操作更像是给上级主管部门汇报，而不是对这一事件进行回应。

大多数人与事件本身是没有直接关系的，人们的想法是：反正也不知道事情的来龙去脉，站在弱势的一方，敌视强势的一方就对了。随大流，想骂就骂，似乎还能在这一过程中展现自己"善良的一面"，做些现实中不敢做的"杀富济贫"之举。做一次"侠客"的过程感觉分外爽快，甚至还会为自己的"正义之举"而洋洋得意。

所以，大多数网民对事件本身并不关心，关心的是自己能不能在这件事上找到趣味，能不能勾起自己的情绪，能不能打发无聊的时间，能不能让自己发泄情绪，能不能展现自己的善良，能不能站在道德制高点上对他人的行为指手画脚，以便找到自己已经快遗忘了的存在感。

四、如何应对网络群体事件

网络群体事件总是充满了反转。很多为博取流量的文章会抓住一个点，取一些耸人听闻的新闻标题，用一堆具有蛊惑性的文字来吸引人。面对此类内容，我们首先要做的就是"不急"，不着急站队发表评论。在事件没有明确之前，不过多发表过激言论而对事情推波助澜。

我们需要多一点理性，少一点随波逐流。在网络事件面前不急于表现自己或宣泄自己，让"子弹飞一会儿"，事件会更接近本源。

网络欺骗：
谎言的乐土

一、美颜的背后

2019 年，女主播"乔碧萝殿下"直播期间的萝莉变大妈闹剧引发网友关注。她为了冲击 10 万播放量在直播间与别人进行了 PK。在 PK 的过程中，不知什么原因，美颜软件出了问题，让她平时使用的二次元头像被撤掉了，她的素颜直接暴露在了直播间的镜头当中。原本图片上的模样，眼睛非常大，皮肤白皙仿佛吹弹可破，鼻梁高挺，活生生一个大美女。但软件出问题后，真实面孔曝光，大美女瞬间变成了一个 58 岁的老太婆。原来的瓜子脸、白皮肤、高鼻梁都不见了，取而代之的是衰老垮塌的"黑脸"。有些网友顿时就怀疑这不是同一个人。

本以为该事件会让她疯狂"掉粉"，没想到露脸之后，她的直播间直接冲上了排行榜第一，人数从 5 万人猛涨到了 60 万人。

在视频直播软件的各类美颜滤镜的加持下，一个男性只需要一些简单的化妆，就可以轻易让自己变换脸型、改变发型，通过磨皮过程让自己皮肤变得光滑，再加上变声器，基本可以假乱真地让自己成为一个温柔、漂亮的女生。这位"小姐姐"温柔可爱，操着嗲嗲的声音可与男性评论者打情骂俏，并不断求点赞、求礼物和求打赏。谁会给"她"点赞打赏呢？当然是那些"老铁们"。他们天天看"她"直播，为有一个貌美如花的小姑娘甜甜地陪自己聊天而沉醉。礼物刷到位后，一句甜蜜的"老公"可以让人耳朵根都软了。

有人开玩笑地说，P图是互联网最大的邪术。P图的发明让网民有了一个更好的面具。美颜一开，再难看的人都能变成美女／帅哥，不管你是脸上痘痘多还是国字脸型，统统都能变成肤白貌美的瓜子脸。有些人每日自拍都要靠美颜，并且沉浸在美颜后的"自己"里。我们都见过朋友圈里女生发的照片，有些与本人相去甚远，虽然她也知道但仍然乐在其中，仿佛感觉那才是真正的自己。可谓"无美颜不拍照"。

不但在直播间里充满着各种虚假的信息和照片，我们每个人在网上展示的自己或多或少都存在着与真实的自己不一致的地方。每个人都想展示自己最好的一面给他人。我们日常买合身的衣服，锻炼塑造自己的体型，化妆让自己显得更美，良好的工作或学习经历让自己更显博学等，这一切都是为了给他人留下更好的印象，打造更好的人设。但是，由于受到日常身份的限制，我们很难给周围的人展现出一个差异巨大的形象。太虚假的东西很容易被戳穿，太漂亮的肥皂泡容易破裂。

网络的匿名性给虚构自己身份和经历提供了便利的平台。网络功能让美化自我变得越来越简单和廉价：原本需要购置衣物的花费、塑造形体的劳累、化妆的过程和细节等，都只需要按照自己的理想设定就可以了。这种美化自我形象的倾向，使我们在网上展示出的信息或多或少存在虚假成分。

二、网络欺骗行为的类型

首先需要明确一个概念，我们这里讲的是"网络欺骗"，而不是"网络诈骗"。网络诈骗是指以非法占有为目的，利用互联网采用虚构事实或者隐瞒真相的方法，骗取数额较大的公私财物的行为。也就是说，这是一种违法犯罪行为！网络诈骗是利用网络实施的诈骗行为。我们要讲的是"网络欺骗"，是指提供虚假信息、掩饰或模糊信息来欺骗他人，获取他人信任的行为。这类行为虽然也会虚构事实、隐瞒真相，但是，它往往不是以骗取公私财物为目的，更多是虚构自己网络身份提高吸引力，获取他人信任等。

网络欺骗行为分为隐瞒身份、信息欺骗、扮演他人、恶作剧等四种类型。其中，隐瞒身份是指有意地隐瞒、省略个人身份信息的行为，如一个人匿名或使用假名；信息欺骗是指虚假提供某种特定类型的形象，如转换性别和错误地描述自己；扮演他人是指把自己装扮成另一个用户；恶作剧是指提出挑衅性问题或发表无意义的言论来干扰谈话过程。

性别是人们虚报的最多的信息之一。网络提供了一个可以尝试不同身份和个性的地方，于是在聊天、游戏、交友中改变性别的现象经常发生。比如，女性在网上把自己说成是男性，以体验更多的权力感；男性把自己说成是女性，想获取更多的关注。那些在网上对性相关话题过于感兴趣的"女性"，在现实生活中更可能是男性，其动机可能是希望获得他人的注意，因为多数女性可能并不采用这种方式聊天。

除了改变性别之外，还有人编造自己的经历来引起他人的关注，让自己看上去履历丰富、博学多才。他们并不担心被揭露，因为这一切反正也不需要经过实际的检验。网络交往的匿名性，为人们选择性地呈现自我身份和吹捧自己的价值提供了平台，从而在客观上导致欺骗行为的增多。

网络欺骗行为十分普遍。有研究者通过对 320 名网络聊天用户的研究发现，在这类群体中普遍存在着网络欺骗行为，61.5% 的网民谎报过年龄，49% 的网民谎报过职业，36% 的网民谎报过收入，23% 的网民谎报过性别。其中，男性多在有关个人社会经济地位方面的话题上更倾向于夸大自己的地位和实力。而女性说谎则更多是出于安全考虑。

另有研究发现，27.5% 的网民在网络交往中会故意夸大个人魅力，22.5% 谎报过年龄，17.5% 谎报过职业、工作情况、教育经历等个人资料，15% 矫饰个人兴趣（比如爱好或宗教）。但是，如果让人们对自己进行评价，有 73% 的被访者认为网络欺骗行为有很多，但只有 29% 的被访者承认自己有过网络欺骗行为。这两个数字之间的巨大差异，本身就表明说谎行为具有普遍性。

尽管这个说谎比例的数值很高，但这些可能还是相对保守的估计，真实的数据可能远大于这一估计。

三、网络欺骗行为的心理机制

人们在网上虚构自己身份信息和个人经历的原因很多，其中满足自己内心深处的需求，塑造更具吸引力的形象是非常重要的原因。在现实中，人们的真实身份被限定在一定的社会环境中，其身份信息很难过度夸张，如果虚构极有可能被他人发现。但是，网络提供了一个无约束的人际环境，人们可以按照自己的想法虚构或捏造自己的身份，从虚拟世界中得到满足，从他人的赞美中获得成就体验。由于虚拟世界中的自己可能与现实脱离，人们非常容易沉溺在那个完美的虚拟世界里。久而久之，甚至分不清网络和现实中哪个才是更真实的自己。

欺骗在很大程度上是一种本能，是动物的生存本能：为了生存欺骗潜在的捕食者。人类也有着此项本能。每个女人都希望自己看起来更健康、更年轻、更美丽。每个男人都希望自己看起来更聪明、更成熟、更富有。为了实现这一切，人们化妆、整容，或者夸耀自己等。

欺骗行为是日常社交中十分常见的现象。我们每个人都尝试通过各种方法说服他人，明知道有些事情是错误的，却努力传达这个错误信息并让另一个人相信它。在说服他人的过程中，其实是充满了快乐和愉悦的 [1]。

人们说谎是为了给别人制造积极的印象或保护自己免于尴

尬或被拒绝。从社会心理学角度讲，说谎与身份维护、自我呈现和印象管理有关。我们每个人在日常生活中呈现的自我多少都是经过改变和包装的，通常人们会根据当下的环境来调整自己的表现和表达方式，以塑造恰当的形象和身份，获得或提高他人的情感支持，影响他人的偏好，赢得他人的赞同。这些目的的实现对人们社会交往的顺利进行有着重要意义，因此说谎成为非常普遍存在的一种社会行为。

网络只是让这种行为可以更加肆无忌惮而已。在现实中，人们如果说谎或者过度包装自己，可能随时面临谎言被戳穿的危险。但是在网络上，这一担心程度则要降低很多。人们可以在网上创造一个完全不同的身份，并且这一身份不为现实中的他人所知。于是，人们便可利用这一创造出来的身份在网上与他人交流。目前，很多人的社交账号都有大小号。其中一个是对熟人或朋友开放的，在这里是公开的形象，在这个形象里人们努力保持相对真实的自己；同时另外一个是私人账号，这个账号不为熟人所知，更多是具有私密性的个人账号。他们可以利用这个私人账号在网络中扮演另外一个角色，说一些现实里不轻易说的话等。

这些都说明，如果一个人受到现实的约束，那么他不得不相对保持更加真实的自己。而如果有掩藏自己身份的机会，人们会更倾向于创造一个新的形象，而网络正好提供了这样一个便利的平台。

四、如何应对网络欺骗行为

大部分的网络欺骗行为更多限于满足自身的心理需求、打造更好人设，或者掩盖自身身份的目的。虽然他们提供了虚假信息，甚至从中获益，比如博得更多他人的关注、尊重等，但是他们并无占有他人财物的目的，因此不构成"网络诈骗"。但是，如果他们有本节开头所提到的直播中扮演女性求取更多打赏的行为，则已处在违反法律的边缘上。在这方面，我国正在逐步完善相应的法律法规，进一步厘清人们行为的边界。

人人都希望自己生活得更好，即便是我们构建出了一个存在虚假身份和经历的自我，仍然可以让我们感受到那种更好自我的愉悦感，享受在网络交流过程中获得他人关注的满足感。从本质上说，如果不以损害他人、占用他人财物为目的，这一点点欺骗行为似乎无可厚非，因为尚未有法律法规要求网上的信息必须完全真实。即便在现实里，人们呈现的也未必是完全真实的。

面对网络的这一特征，当我们在网络上看到他人的信息时要保持一定的警惕性，切忌盲目相信自己的所看、所感。网络技术可以让修改一个人的外貌成为一件十分容易的事情。我们的思想也要跟上时代的发展，在内心深处告诫自己网上的内容只是一个网络的形象，它不等同于现实中的人，不要盲目相信网上所看到的一切，而应用一种批判的眼光来看待网络上的一切。

参考文献

[1] 伊恩·莱斯利. 说谎心理学：那些关于人类谎言的有趣思考 [M]. 张蔚，译. 北京：中国人民大学出版社，2022: 1.

多巴胺的囚徒：网络时代自我价值的迷失 ／

第四章

网络沉迷

人在选择自己的行为时，一般会遵从利益最大化的原则。既然我们可以通过网络行为轻易获取成就感，又何必辛苦地工作、学习来获得事业上的回馈呢？一些人对通过辛苦劳动换取愉悦回报的兴趣在逐步降低，他们沉溺于网络产品中不能自拔。

网络产品在满足人们需求的过程中，逐渐摸透了人们的心理需求与生理机制。网络产品的设计者们几乎吃透了人类大脑奖赏系统的机制，通过设置特定的重复性行为，让人们付出很低的代价来获得愉悦感。然而天下没有免费的午餐，这样的行为看似代价低，实则降低了人们采取其他行为的动力。

失控玩家：
网络游戏成瘾

一、网络游戏成瘾迅速增多

城乡街巷的夜晚，随处可见网吧的闪闪招牌。网吧里通常座无虚席，一排排的显示器照亮着一双双渴求的眼睛，噼噼啪啪的键盘敲击声好似雨点落在屋顶上。不少人说笑着，享受一起联网"开黑"的愉悦。在角落里，偶尔会有头发蓬乱、胡子好久没有修剪、眼里布满血丝的人。他们几乎吃住在网吧里，一天到晚打游戏，累了就趴在桌子上睡一会儿，饿了就叫个外卖。有的网吧常客是在校学生，上课能不去就不去，逃课已是家常便饭，课程不及格他们也不在意。

雷子的父亲无奈地看着呆坐在电脑前的儿子，一脸茫然。为了让雷子不再玩游戏，他已经尝试了所有的方法，威逼利诱、言语恐吓，甚至几次他都动了手。但这一切都无济于事，雷子还是沉溺于游戏里，除了吃饭之外，一天和家人都说不了几句话。雷子父亲很无奈地感叹道，雷子长大了，不再是每天在外面玩得忘了回家的小孩子，却变成了一个头发油腻放光、衣服一个星期也不换的邋遢男孩。

雷子父亲也知道这样下去不行，但是却不知道该怎么办。

他后悔当年给孩子买这台电脑，以为孩子会用它来学习知识，以跟上科技发展的步伐。为了让雷子戒掉游戏，他曾尝试过断网、拔网线等极端手段。但是每当他准备这样做时，总能看到雷子那愤怒的眼神，然后就放弃了。他怕雷子冲动做出傻事，让自己后悔一辈子。每当从网络上看到不让孩子玩游戏而诱发的自残、自杀的消息，他的心里都像被刀割了一样疼。

这些都是目前引起社会广泛关注的问题：网络游戏成瘾。

二、网络游戏成瘾的诱因

网络游戏成瘾是一种新的成瘾行为。2013 年，美国精神医学学会（American Psychiatric Association）将其作为一种需要引起社会关注的精神疾病，并列入新一版的《精神疾病统计与诊断手册》[1]。网络游戏成瘾不像毒品、酒精、香烟成瘾那样，需要通过摄入某种物质进而形成依赖。也就是说，游戏行为本身就能让人沉迷其中而不能自拔。相同的是，它也会刺激我们大脑的奖赏系统，使我们沉溺其中，产生类似毒品的成瘾性体验。

前些年，玩网络游戏主要通过台式计算机，但随着手持设备性能的提升，网络游戏可以在移动平台上进行，比如手机、平板电脑等。网络游戏装备的这种普及性和方便性，让玩游戏可以随时随地进行。当然，这也导致更多的人能够轻易接触到游戏，甚至最终走向网络游戏成瘾。2020 年有报告分析了 113 个流行病学研究，报告的研究对象涵盖 693 306 人，报告的内容集合了发表于 1996—2018 年来自 31 个国家的研究，发现网络游戏成瘾的比率为 2.47%[2]。尽管这一比率看上去不高，但是面对我国庞大的网络用户人群（大于 9 亿），这一数字就显得十分惊人。

在偏远地区的农村，因为父母在外打工，孩子留在家里由爷爷奶奶看管。爷爷奶奶也不懂网络游戏的危害。对于他们来说，让孩子吃饱喝足、人身安全就是最大的目标。显然，让孩子玩手机游戏可以大大减轻他们看护孩子的负担，因为只要孩子拿起手机，就不再四处乱跑，不再调皮惹事了。最终结果是，走在农村的街头，你经常能够看到三三两两的小孩围在一起打手机游戏的情景。很多孩子沉溺其中，不想上学，不做作业。

网络游戏为什么能让我们沉迷其中而难以自拔？

1. 及时回馈

在日常生活里，我们所做的很多努力，其过程是充满艰辛的，想要看到成果则需要等待很久。比如上学读书，真正的成果检验要等高考的那几天，在此之前是十几年的漫长努力。而且上学读书带给我们的快乐是缓慢的，甚至是不确定的。这种需要长久等待和坚持的事情，很容易让人失去耐心。更可怕的是，很多事情我们即便努力做了，但结果依然可能是失败，这又会严重挫伤我们的进取心。即便成功了，带给我们的幸福时光也是短暂的，接下来我们又要继续面对长时间的枯燥努力。

相比现实生活里需要长久忍耐才可能得到回馈，网络游戏里的时光称得上"幸福"。比如很多的手游，一局下来，心潮波动起伏，有紧张刺激，有策略规划，有各种抵抗。如果对战胜利，立刻就有收获。这一过程可以使人快乐的神经做出反应，并让人沉浸其中难以自拔。这些可以被人轻易感知的即时反馈，能带给玩家长期或短期的激励，促使他们继续进行操作。而新的操作又会触发新的反馈，照此循环，以至于玩家根本停不下来。

同时，在网络游戏里获得成就感的过程特别简单粗暴：打怪就增分，升级闪金光；好装备会提升装备面板，你会知道你离某神级装备的距离又近了一步……这些成功会促使我们分泌多巴胺，进而刺激神经系统，让我们感到兴奋和快乐。

2. 随机奖励

虽然及时地满足和奖励会让人快乐，但如果想让人沉迷的话，只给奖励是不够的，这个奖励必须给得巧妙才行：需要设计一个能让人上瘾的奖励制度。这种设计已经形成了一门学问："行为设计学"。现在行为设计学已经非常成熟，大量的公司在设计产品时都会用到它。

游戏设计者明白，要保证游戏不断进行下去，就必须放弃基于固定概率的游戏设计，改用随机概率的游戏设计，让玩家"自己再努力一下，就可能获得奖励"的期望一直延续。在游戏过程中，击败对手之后的收获类型和数额都具有不可预测性。这就需要玩家在游戏过程中始终保持一份期待，即便是相对单调的重复操作也因为随机奖励而持续。这种随机性增加了游戏的不可预知性，丰富了游戏的可玩性和观赏性。

曾经非常火爆的吃鸡游戏《绝地求生》就是一款随机性颇大的网络游戏。游戏中的毒圈、轰炸区、空投乃至敌人在地图中的随机性分布，让游戏充满了不确定性。显然，对于过程、结果都不确定的事，人们总是不由自主地想去尝试，并且乐此不疲。因为每次的过程和结果都不一样，可避免玩家过早地对游戏产生厌倦心理。

3. 满足心理需求

网络游戏还有几个让人成瘾的特征：第一是沉浸式体验，也就是让人有置身游戏之中的感觉，它会满足感官刺激；第二是付出就有回报，也就是说在游戏世界里付出与回报同在，让你感觉理想肯定能够实现，可大展宏图。第三就是美好的社交体验，这是最重要的一点。人们在游戏中可以实时沟通、密切配合，让游戏的吸引力大增，成瘾的可能性也随之大增。

有些人为了社交而玩游戏，但这会让人更容易沉迷游戏。大型多人在线游戏尽管表现出不同的炫酷图像和声效，但如果进一步看它们的内核，不同的游戏基本具有相同的设计：一连串的任务；玩家之间可以远程互动；在游戏内可以互相支持。甚至，这种互相支持还可以发展到游戏之外，产生进一步的扩展效果。

同时，网络游戏平台能自动发挥筛选人群的作用，使游戏中的玩家具有同样的爱好，聊起来也更有共同语言。他们之间更容易建立友谊，尽管这种友谊看起来很脆弱。游戏创造了另外一个虚拟的世界，在这个世界里存在着密切的互动。在现实中大家可能相隔万里，互不认识，但在游戏里大家却是共同对付敌人的搭档，是聊得来的好友。

三、网络游戏成瘾与多巴胺的关系

上述因素的共同作用，导致人们对网络游戏成瘾。成瘾的本质就是这种行为劫持了我们的奖赏系统。游戏是一种行为，虽然在游戏过程中不存在成瘾物质的摄入，但它似乎和传统上我们通过一定的努力和等待，然后获得奖励的过程一样。不同的是，这是一种通过网络进行的游戏而已。虽然游戏没有成瘾物质的特征，但它同样劫持了我们的奖赏系统，这是由网络游戏的特点决定的。

网络游戏通过巧妙的设计，特别是依据即时反馈、随机奖励、社会互动等特征，牢牢地吸引着玩家，让他们在游戏上花费更多的时间和金钱。通过在恰好的时机给予恰当的奖励，通过计算来判断玩家何时会出现疲倦反应，然后及时给予奖励等策略，在任何一个玩家可能放弃的时间点之前给予恰当的反馈，让玩家能够继续玩下去。

科学家已经发现，在我们玩游戏的时候，游戏的各类反馈系统让奖赏系统十分活跃，使其持续分泌大量的多巴胺进而使人得到持续的愉悦体验[3]。也有研究发现，那些长期玩游戏的人，对待奖赏特别是与游戏相关的奖赏十分敏感。比如，即便只是看到一张游戏图片，成瘾者的奖赏系统也会非常活跃，产生欣快感。研究发现，不论是看游戏图片，还是玩游戏，都能给玩家带来快乐，而这种欣快感又促使他们多次重复这种行为，以获取更大的欣快感。

这种可以即时获得反馈和"奖励"（尽管这个奖励仅限于精神层面）的行为，同样也会劫持奖赏系统。我们日常必须通过勤奋和努力，还需要伴随着等待才能获得一些"奖励"，但在游戏的过程中，我们可以简单快速地获得。一旦体验到这种可以轻易获得的快感，日常生活中那些只有通过勤奋和努力才能获得的快乐立刻就逊色许多。这也是造成很多人沉迷游戏而导致学习成绩下降、工作懒惰的原因。

同时，面对频繁且长期的多巴胺过多分泌，与面对毒品刺激一样，我们大脑的防御机制开始起作用。此时，人体中的其他神经细胞会释放出 γ-氨基丁酸，以抑制感受器神经受到的过度刺激，强迫大脑神经休息。如果这样不成功，则会通过减少相关细胞的数量来减少多巴胺带来的刺激强度，以应对多巴胺过多的情况。这就造成游戏玩家在玩同样时长的游戏时，所获得的快感有所降低，迫使他们投入更多的时间在游戏上。于是，恶性循环开始了，玩家在一轮一轮的循环中网游成瘾的程度不断加深。

自我控制受损是另外一个成瘾原因。正常情况下，我们不论做出何种行为，都不是自己无法控制的，而只是权衡利弊的结果。比如，面对不听话的孩子，家长会表现出一定的情绪失控，可能对着孩子吼叫，情绪很是激烈。但是，如果这时接到单位领导的电话，却能够立刻收敛失控的情绪，并和颜悦色地与领导交谈工作上的问题。这里，不论是对孩子的情绪失控，还是对领导的毕恭毕敬，都是我们对自己的行为进行权衡后的结果。

大量研究发现，网游成瘾的人自我控制能力会出现损伤。比如应用著名的 Stroop 任务，任务的要求是人们判断文字的颜色，但是这个字却用另外一种颜色写成。比如，"红"这个字，却是用绿色呈现出来。尽管这个实验只要求人们判断字的颜色，但是文字本身的意思却会干扰判断过程。这就要求人们克服词义的干扰，将自己的注意力控制在颜色判断上 [4]。

结合前面介绍的自我控制，它分为权衡收益与付诸行动两个过程。游戏及其相关的刺激会给网络游戏成瘾的人带来极高的成就感和愉悦感，使他们在主观上增加了游戏在选择过程中的权重，降低甚至忽视了日常生活中勤奋与努力的价值和意义，最终做出错误的决策。

自我控制的过程会带来认知资源的消耗。网络游戏成瘾的人在现实生活中会面临来自各方面的压力。如果是学生，游戏通常会带来学习成绩的下降，必然会吸引老师和家长的关注，加上来自同伴之间的竞争和压力等，这些都需要投入巨大的认知资源去调节和缓解。当真正面对游戏时，认知资源会消耗太多，而目前真正能用来抵制游戏诱惑的认知资源已经比较稀缺了。

四、如何应对网络游戏成瘾

如果周围有朋友或家人沉迷于网络游戏之中，我们该怎么做呢？

必须清醒认识到，如果想戒除网游成瘾，简单依靠意志力成功概率会很低。因为，网游成瘾的根本原因不在于意志力本身，而是我们在所处的社会环境中遇到的问题，以及这个问题带来的我们心态上的改变。意志力无法帮我们改变遇到的问题，无法帮助我们重建心态。因为，它并不是问题的根源。

要想努力戒除网游成瘾，起码要做好以下几个方面的工作。

1. 认识网游成瘾的危害

戒除网游成瘾的第一步，是找到当初让自己不得不通过游戏获得"奖赏"快感的原因，也就是生活里造成我们缺乏"奖赏"快感的东西。比如前面提到，有些人是因为在学业或工作中无法获得成就感，甚至遭遇连续失败造成"习得性无助感"，游戏是他们寻找把控感的来源；有人因为家庭教育的问题，无法获得足够的爱或父母的社会支持，转而在游戏中寻找寄托；有些人则是因为巨大的生活压力产生失控感，将游戏作为压力宣泄口；等等。

只有真正找到了导致他们寻求游戏的原因，才能理解游戏满足了他们哪些心理需求，然后才能在此基础上尝试远离或者改变让他们产生痛苦的环境，尝试用社会接纳的策略来实现他们需要的快感和社会支持。

2. 用好的习惯代替网游成瘾行为

游戏带来的愉悦行为模式会根深蒂固地刻在大脑里，并能随时对我们的意志力发起进攻，让我们的努力功亏一篑。改变的方法之一是我们要努力用一种好的习惯来逐渐代替坏的习惯。比如，当你想玩游戏的时候，就站起来做十个深蹲，或者拿起拖布把地板擦一遍，或者到操场上跑一圈，等等。我们应找到至少一种不同的行为来替换游戏行为，然后让自己坚持下去。因为，在深蹲、拖地或者跑步的过程中，我们的自我控制获得休息，然后再利用更多认知资源就能控制我们的游戏冲动了。

重塑自己行为的另外一种方法是获取团体的支持，比如与具有相同问题的人相互鞭策，一起克服游戏的吸引力；或者与具有相同兴趣的人相互鼓励，一起营造新的良好行为以代替成瘾行为。团体的力量可以给个体行为提供更多的动力支持，有利于克服坏的习惯。

3. 远离成瘾的环境

与游戏相关的环境会诱发我们曾经的游戏记忆，回忆起玩游戏时的快乐体验，进而诱发我们对游戏的渴望。被诱发的游戏渴望是网游成瘾的重要因素，它会摧毁我们已经建立起的戒除成果，将我们重新拖回到游戏世界里。

所以，在所有类型成瘾的戒除中，远离成瘾的环境都能收到良好的戒除效果。这种方法被称为"物理戒断"。也就是在物理空间上将人与成瘾的内容隔开，让成瘾者无法接触到成瘾的内容。对于吸毒者，戒毒所在一定程度上承担着这一功能。但是，网络游戏成瘾并不是国家强制戒除的行为，远离电脑、远离游戏的网吧、远离那些和你一起打游戏的人，甚至不讨论任何与游戏相关的话题，都能有效提高自身对游戏的防控力。

参考文献

[1] American Psychiatric Association. Diagnostic and Statistical Manual of Mental Disorders (5th Edition)[M]. Arlington: American Psychiatric Publishing, 2013.

[2] PRZYBYLSKI A, WEINSTEIN N, MURAYAMA K. Internet gaming disorder: investigating the clinical relevance of a new phenomenon [J]. American Journal of Psychiatry, 2017, 174:230–236.

[3] MA X, WANG M, ZHOU W, et al. Wanting-liking dissociation and altered dopaminergic functioning: Similarities between internet gaming disorder and tobacco use disorder [J]. Journal of Behavioral Addictions, 2024, 15(4): 1-20.

[4] 董光恒 . 游必有方——网游成瘾的心理、大脑与疗愈 [M]. 杭州：浙江教育出版社，2022: 11.

六英寸的牢笼：
短视频沉迷

一、短视频的兴起

2020 年《中国互联网发展状况统计报告》显示，我国短视频用户已占全体网民的 87.8%，人均日使用时间长达 125 分钟，超过半数的人每天都会刷短视频节目 [1]。短视频已经成为下一个创业的风口，资金和人员都可能会涌入这个市场。2020年，其经济规模已经达到 2 000 亿，在用户使用时长中牢牢占据第一名 [2]。越来越多的人陷入了在 App 内不断上滑刷新的怪圈之中。

随着硬件成本的降低、网络的普及和网速的提升，智能手机已经成为老年人生活中不可缺少的一部分。除了偶尔打电话外，老年人用手机看短视频还成为主要的手机用途。甚至，用手机刷短视频已经成为很多老年人生活中最大的乐趣，他们"吃饭看，睡觉看，上厕所都在看，说啥也不听"。原本曾热衷于养鱼、种花、遛弯、闲聊的老年人，不知道从什么时候开始，竟被智能手机"绑架"了。

不但如此，很多老人在帮儿女带孩子。于是，他们在照看孩子时还会让孩子一起看短视频。一旦接触到短视频，孩子们总会软磨硬泡要求看，甚至以不吃饭、不洗手作为要挟。很多老人经不起孩子的软磨硬泡，最终会妥协让孩子一起看。对儿童来说，长时间看手机屏幕可能会损伤他们的视力，且短视频里鱼龙混杂，内容不可预期，有很多内容根本不适合儿童观看。其实不只是老人、孩子，很多成年人也常常在睡前连刷三五个小时短视频后精神疲惫地放下手机，最终焦虑地入睡。

二、短视频为何吸引人

在《娱乐至死》（*Amusing Ourselves to Death*）一书中，作者尼尔·波兹曼（Neil Postman）提出有两种方法可以让文化枯萎：一种是奥威尔式（Orwellian）的，让文化成为一个监狱；另一种是赫胥黎式（Huxleyian）的，让文化成为一场滑稽戏[3]。在波兹曼生活的那个年代，他担心的是电视上的娱乐内容，担心出现阿道斯·赫胥黎（Aldous Huxley）在《美丽新世界》（*Brave New World*）中描述的情形："人们感到痛苦的不是他们用笑声代替了思考，而是他们不知道自己为什么笑以及为什么不再思考。"

短视频正是赫胥黎式文化枯萎登峰造极的代表。"越来越多的人被'囚禁'在一块6英寸的'监狱里'（手机屏幕），傻笑地看着他人上演一场场滑稽戏。"放眼我们周围，大家走在路上、坐在地铁里都一刻不停地盯着手机，拇指每隔几十秒就上下滑动一下，与之相伴随的是脸上不时露出满意的笑容。

短视频很好地满足了人们喜欢兴奋和刺激的心理。人们通过滑动手指，观看自己喜欢的视频并产生心理愉悦感，然后通过不停地反复刺激来保持这种愉悦感。这种兴奋不需要思考、不需要调动意志力，所以更廉价也更可能产生精神依赖。与长视频相比，短视频的特点是能够在很短时间内完成一段内容的讲述，让观看者不断感受到兴奋和刺激，进而难以割舍。

短视频能满足人们的心理需求。短视频时间短，可快速选择，自主性强。目前各个平台的主界面视频均可在几分钟甚至是几秒以内播放完成，观看者可以快速切换寻找自己喜欢的内容，自主性强。短视频平台内容横跨影视、小品、新闻等各行业，通过庞大的内容来满足用户的不同需求。

短视频平台的算法推送能投其所好。平台能为用户精准推送其感兴趣的内容，使移动端的内容呈现出高度的个性化，使大众传播被个性化传播所取代。这一特性提升了传播效率，无论多小众的内容，都能吸引到一大批拥趸。在这个过程中，平台掌握了算法的游戏规则，也就掌握了内容的生杀大权，赢得了广告主的认可，实现了平台的崛起。平台的逐利性决定了它必然会以流量论英雄，用流量来判断短视频的价值，这也吸引更多的人来创作短平快的消遣性内容。目前，有些短视频平台不负责任，创建了一个让人自甘堕落的场所。

"看短视频时间过得快。"对于很多打发时间的老年人来说，短视频为他们提供了一个很好的消磨时间的途径，完美契合了他们的需求。随着年龄的增长，对于越来越没有交友需求、也没有业务往来的老年人来说，刷各类手机短视频是他们生活中最大的乐趣。特别是对很多空巢老人来说，"看看短视频，感觉时间过得特别快，也就没有那么多时间去想孩子们了。"从这个角度讲，短视频很好地填补了老年人空虚的心理与空闲的时间。

三、短视频影响着人们的思维

短视频窄化了人们的思维。平台使用算法来统计和归纳用户的喜好，进而留住用户。同时，用户收看的内容一般都在自己喜欢看的内容范围之内，多数人根本不管内容的真实性和质量高低。比如，你今天看了个车辆测评短视频，以后再打开手机就会看到给你推送的各种车辆的测评视频，还有车辆购买广告。一方面，算法了解你想看哪个类别的新闻或视频，就直接给你推送过来，减少了你查找的时间，它推送的内容，就像有人整理过一样直接摆放在你面前。另一方面，它会严重窄化用户的视野，大量相同的信息让人误以为这个世界都在支持其观点，特别是某些根深蒂固的偏见，更是容易在这一过程中得到强化。

短视频使人们减少了日常活动。网络短视频凭借着超高的吸引力占据了很多人的空闲时间，让原本属于其他活动的时间被压缩——比如父母陪孩子一起游戏的时间，年轻人健身运动或社交的时间。很多人即便真的走到健身房，也不忘在运动的间隙看短视频，导致真正的运动时间被大大压缩。对很多老年人来说，原本种种花、养养鸟，或者练练字的休闲时间，都变成了刷短视频的时间。

沉迷短视频还会影响我们的大脑。2021年浙江大学胡玉正课题组发表在《神经成像》（*NeuroImage*）期刊上的论文显示，在短视频用户中，约45.8%的受访者存在轻中度的抖音上瘾问题，且有5.9%的受访者对抖音严重上瘾。统计分析显示，自我控制能力越差的人，上瘾程度越高。现代常见的焦虑情感会促使人们将短视频作为逃离压力的避风港，而缺乏自控力的人更难从这种困境中摆脱出来，进而对短视频产生过度依赖[4]。

有研究发现：在人们观看视频时，视频的刺激内容会激活大脑的奖赏系统，此时奖赏系统内的神经元会释放大量的多巴胺，让大脑将特定的行为与快乐联系起来，使人们产生再次执行这种行为的渴望。另外一项在《世界精神病学》（*World Psychiatry*）上发表的研究表明，网络中的"信息奖励"（Information Reward）会通过刺激人的皮质纹状体多巴胺系统（Cortico-striatal Dopaminergic System）来强化人们不断查看手机的强迫性行为[5]。

短视频使老年人更容易受骗。越来越多的老人在开启"短视频式养老"模式后，有的老人成了骗子利用短视频平台进行欺诈的对象。老年人对新鲜事物的分辨能力低，加上对短视频更加依赖，因此往往成为骗子下手的对象。这种"短视频式养老"模式会给老人们带来不利影响。

四、如何正确对待短视频

要想摆脱对短视频的依赖，最直接的方法就是卸载相关App。短视频沉迷不等于成瘾，显然我们有能力将App删除。删除了之后，我们就有了学习和思考的时间，而不再去想用短视频填满所有的空闲时间。大多数人都有足够的自我控制能力来把控观看短视频的渴求。

从某种角度上讲，习惯是个十分可怕的行为，因为习惯一经养成，你就会不自觉地去做这件事情。如果刷短视频已经成为日常的生活习惯，只要打开手机，我们就会不自觉地去刷App。刷了半个小时或一个小时之后才反应过来，这样既浪费时间，也会对自己产生一种怀疑。为了避免这些事情重复发生，卸载此类App是必须要做的。卸载软件是改变这种习惯非常重要的一步，只有破除原有习惯，我们才可能养成新的习惯。

1. 寻找替代的娱乐形式

要努力寻找有价值的事情来填补因为卸载短视频App而空闲出来的时间。请相信我，如果你有了第一个步骤，那就说明你是个愿意改变的人。或许一段时间后，可能仅仅是1个小时后，你又会下载重装。不过这没有关系，因为有些事情发生过了，可能永远挥之不去。人们的思维是有一个过程的，当你明白一个概念之后，就像种下一粒种子，思考会使它不断成长，最终你不可能否认它的存在，而你大概率最后一定会成功删掉短视频App。

习惯是可以养成的，但习惯也是可以被替代的，比如我们努力培养自己每天睡前读一会儿书、写写日志等。或者每次想看短视频了，就站起来蹦跳一会儿。如此，通过一个新的习惯来替代原来的习惯。

2. 列好做事清单，并提醒自己坚持

很多人有这样的感觉：即使卸载了短视频 App，但当你打开百度搜索你想要的信息时，你还是会不由自主地在另外一种平台上去刷各种视频（比如微信的视频号、百度的短视频等）。为了避免自己再浪费时间，我们可以把想做的重要事情在纸上先罗列出来。比如，把每天要做的事、要联系的人放在最显眼的位置上。然后，当做完一件事之后记得在相应位置打上对号，表明此任务已完成。每天都依据轻重缓急，把一天的事情安排好，这样就不会因为外界的干扰打乱自己的计划。

3. 自觉养成 21 天习惯

习惯的力量是非常强大的，它是一种不自觉的行为选择，长久的习惯真的能改变一个人的生活方式。一个习惯的养成是有规律的，比如我们只要在固定的时间里，一直坚持做一件事情，连续坚持 3~4 周，就会发现每天在这个时间点会不自觉地去做那件事，否则就会感觉像缺了点什么一样。我们可以用这种策略来养成好习惯或者改掉坏习惯。比如每天睡前养成读书的习惯，以后每到睡前，我们就会不自觉地打开所要读的书籍，读上一两段之后，才能够安心地睡去。就这样，逐渐用新习惯代替旧习惯，用读书替代刷短视频。

参考文献

[1] 前瞻产业研究院 . 2020 年中国短视频行业市场现状及发展前景分析 [EB/OL]. [2023-08-08]. http://qianzhan.com/trends/detail/506/210119-b062f308.html.

[2] 快科技 . 我国 8.88 亿人刷短视频 你每天刷多久？[EB/OL]. [2023-08-08]. https://news.mydrivers.com/1/779/779232.htm.

[3] 尼尔·波兹曼 . 娱乐至死 [M]. 章艳，译 . 北京：中信出版社，2015: 5.

[4] SU C., ZHOU H., GONG L., et al. Viewing personalized video clips recommended by TikTok activates default mode network and ventral tegmental area [J]. NeuroImage, 2021, 237(1):118-136.

[5] FIRTH J., TOROUS J., STUBBS B., et al. The "online brain": how the internet may be changing our cognition [J]. World Psychiatry, 2019, 18(2): 119–129.

买买买的陷阱：
网络购物障碍

一、消费的狂欢

每年的"双十一"都是电商的狂欢季，各大电商平台的成交数据被不断刷新，且强劲势头不减。不过也有些人会感到烦恼，李洁就是其中一位。去年"双十一"，她充分利用各种跨店满减等优惠活动进行网上购物，导致囤在家里的化妆品足够让她用上几年，而且购进的很多东西都已经临近保质期。仔细算来，她并没有省多少钱，如果扣除过了保质期需要扔掉的东西，反而划不来。

她下决心今年无论如何不再买了。但是，"双十一"临近，她从好几天前就开始关注网上的货价，提前就把想买的东西放进了购物车，等着 11 日凌晨付款。并且，一想起要购物就感觉十分兴奋，完全把去年因囤积过多所造成的烦恼抛之脑后。本来平时 10 点多就睡觉了，而 10 号那天她却特意熬夜，隔一会儿就去刷屏，以浏览其他商品的折扣情况和剩余件数。

与李洁相比，晓冬的购买显然更疯狂。他为了把当天抢到的红包和消费券全部花掉，不停地买买买，仅仅是预售，花费就已经超过了 1 万元。并不是他家里真缺这些东西，其实他的购物不限于购物季，平时他也忍不住要购买。他不停地买，买回来用不了又舍不得丢弃，以致家里囤积了过多的物品，这不但让他在经济上承受了很大压力，还造成了家里空间的拥挤。

更可怕的是，他已经对购物形成了心理依赖，每天打开手机的第一件事就是浏览购物网页，这成为一种习惯性的生活行为。看到喜欢的东西，冲动随意下单的情况十分常见，不仅造成了大量物质浪费和金钱透支，也给自己的身心带来了严重负担，甚至影响了家庭和睦。

网络购物还渗透进了老人的生活。一些老人不仅每天花很长时间去看短视频，有的还迷恋上了短视频购物。家里日常使用的洗护用品、卫生纸、袜子、内衣等，大多是他们看短视频后从网上买回来的。由于老人没有太多购物经验，对于短视频或直播间对产品的各种宣传，老人几乎没有"免疫力"。更重要的是，很多买回来的东西不是杂牌子就是残次品，有的一看就是假货，老人们还总觉得自己占了大便宜。

第48次《中国互联网络发展状况统计报告》显示，截至2023年12月，我国网络购物用户规模已达9.15亿，短视频用户规模达10.26亿，短视频与直播间、电商相互加成，电商直播用户占直播用户比重超60%[1]。随着近年互联网电商直播以及短视频平台的发展，人们在"看直播""刷视频"的过程中，对网购的依赖性也越来越强。

二、网络购物的心理机制

网络为人们提供了大量的商品信息和购买渠道，也满足了人们对即刻奖赏、情感增强和获得身份认同的期望。网络购物让原本购物所需要的时间和空间距离（去商场需要时间）大大缩短，并提供了更加丰富的商品选择（商品数量远远大于实体店面），同时让价格更加实惠，这都大大诱发了购物的冲动。很多人网购的初衷是省钱，可是随着时间的推移，他们能从网购过程中感到乐趣并逐渐产生依赖感。

购物过程能带来愉悦体验，还可获取即刻奖赏。越来越多的研究结果显示，购物能够刺激大脑的情绪区域并改善情绪，让我们产生愉悦体验。网购能增加幸福感，增强愉悦感，减轻痛苦感，以及在心境平和时内心也能涌出淡淡的愉悦感。比如，当看到一件新衣服或玩具时，大脑会开启奖赏系统，刺激大脑多巴胺的释放，使我们达到购物的兴奋状态。同时，购物是一种能满足我们较高层次需求的行为，比如社交、尊重以及自我实现等。购买服饰，可以让我们对"好看"产生更好的期望，穿好看的衣物会引起别人的注意，能满足一个人社交的需求（哪怕是想象），还能减去我们的负担（需求被满足，负担自然小了），这些都能给人带来愉悦的感受。

多巴胺是产生愉悦感和满足感的根源。当我们经历新鲜的、刺激的或具有挑战性的事情时，大脑中就会分泌多巴胺。对许多人而言，购物就有这个作用。对大脑活动的核磁共振研究显示，多巴胺浓度的上升与对奖励预期（预计到自己会怎样，比如购买衣服时，预计穿上会很好看）的关系要比实际经历更大，这可以解释为什么人们在逛商店或寻找廉价商品时会感到很有乐趣。多巴胺能让一个人痴迷于购物，有时还能让人做出错误的决策。埃默里大学的伯恩斯说，多巴胺可以解释为何一个人购买鞋子后却从来不穿。当一个人看到自己喜欢的鞋后，他的多巴胺就会大量分泌，因为你想象到了穿上之后的帅气。多巴胺会刺激购买欲望，它就像是行动的助推剂一样，但一旦购买行为结束后，其浓度就会下降。

购物能满足攀比心理，以获得身份认同。非理性购物很大一部分是出于消费者的不健康消费心理，其中攀比心理尤为突出。处于类似生活环境的人，在消费行为上有相互学习的倾向。很多人的购物会以周围的人作为参照系，如果自己比别人买得少了，会在心理上感觉输人一筹。很多购买者只是享受一时的消费快感，大多数都是买了不用，使商品的使用价值大打折扣，而且，买到的商品也未必物有所值。

同时，由于最新奇、最潮流的事情或商品都会第一时间出现在网络上，所以网购是现代潮流的一种体现。我网购，证明我走在了时尚的前沿，这种心理暗示很难让人察觉到，这才是人们网购背后的推手。

购物可以缓解人们的焦虑情绪。当我们产生情感上的无助或被负面情绪淹没时，会产生巨大的焦虑。我们在面对焦虑时，会通过特定的自我调节机制来保持一种控制感和情绪的稳定感。购物就是一种能很好地调节我们情绪的方式。面对现实生活和工作中的巨大压力，网购能让人暂时远离实际生活，就像进入了世外桃源，在这里我的网购我做主，只要我有可以消费的方式，哪怕是提前消费，依然可以随心所欲。在这里我的心情会很放松，找到了在工作时没有的快乐，而且积累的压抑情绪自然会转移出来。

大多数人在购物之前会有极大的压力或不悦，通过购物这种方式，他们的压力瞬间便会得到释放，因为他们在购物下单的一瞬间是畅快和愉悦的。当然，当情绪存在深层次问题时，购物起到的可能只是麻痹的作用。而在购物成瘾者中，这种深层次原因是普遍存在的。大量研究发现，购物障碍越严重的人，其焦虑和抑郁水平也越高，越容易形成网购成瘾。

三、网络购物的影响

近期在精神病学领域期刊《综合精神病学》（*Comprehensive Psychiatry*）上刊登的一项研究指出：在因购物障碍（Buying-Shopping Disorder）而寻求治疗的患者中，约有 1/3 的人同时具有网络购物成瘾（Addictive Online Shopping）的表现。这些患者较为年轻，他们拥有更为严重的焦虑和抑郁情绪，且可能出现更为严重的购物障碍症状[2]。尽管目前购物障碍尚未被归为一种独立的心理健康疾病，但在最近发布的国际疾病分类（*International Classification of Diseases, ICD*）（第 11 版）中，购物障碍被视为"一种特定的冲动控制障碍"[3]。

据有关专家推测，全球约有 5% 的人正在遭受购物障碍的困扰，他们极度关注并渴望购物，并不可抗拒地想要拥有各种消费产品，他们购买的产品远远超出自身的支付能力、需求范围。他们只是通过购物来调节情绪，比如获得快乐、消除消极情绪或者摆脱自我怀疑。长远来看，反复的自控能力崩溃又会导致极度的痛苦、心理疾病、家庭关系不和，以及病态积攒物品所造成的混乱，甚至会为了满足购物需求而出现负债、欺骗或挪用公款等问题。

四、如何理性购物

不要用购物来缓解负面情绪。要正确认知负面情绪。例如，焦虑、压力、孤独感等都是一定会存在于我们生活中的，而且负面情绪是无法被完全消除的。所以在面对的时候要有正确的态度：要有接纳负面情绪的勇气，学会控制情绪，找到属于自己的情绪调节方法。当想用购物来消解负面情绪的时候，不妨试着用运动来代替购物行为。当感到孤独时，要努力与身边的朋友进行交流，学会倾诉。当感情受到伤害时，要选择合适的方式来释放情绪。所以，一定不要在情绪不稳定、悲伤、难过的时候进行购物，因为此时的购物只是不理智的宣泄，且容易丧失判断力。

养成提前做好计划的习惯。要克服购物障碍，可以在没有打折或闲暇的换季时列出自己需要的物品，养成记账的习惯，可以坚持记录大件商品或大笔消费的支出金额，以减少盲目支出。记住，决不能为了追赶时髦而进行购物。时髦只是一时的潮流，并且你永远也追赶不上。同时，尽量在购买前列一个简单的购物清单，确定你需要购买的物品，避免重复购买已有的东西。还有尽量用现金进行结账，减少透支消费次数。决不能把购物当成一种消遣。因为消遣通常能带来愉悦，最终将购物与愉悦进行联结。如果觉得时间有富余，还可以培养自己多一些兴趣爱好，多进行有益于身体健康的活动，让生活更充实。

参考文献

[1] 中国互联网信息中心 . 第 48 次《中国互联网络发展状况统计报告》[EB/OL]. [2023-08-08]. https://www.cnnic.cn/n4/2022/0401/c88-1132.html.

[2] MULLER A., STEINS-LOEBER S, TROTZKE P, et al. Online shopping in treatment-seeking patients with buying-shopping disorder [J]. Comprehensive Psychiatry, 2019, 94(10):1-4.

[3] WHO. International Classification of Diseases [EB/OL]. www.who.org.

被点赞的愉悦：
网络社交沉迷

一、网络社交沉迷

我们大部分人早上醒来的第一件事就是从枕边摸出手机，登录社交App查看朋友状态的更新和对自己发言的评论。当然，还不忘发上两句"一觉醒来，又是美丽的一天"等无病呻吟的句子，然后期待着好友的点赞和评论。睡觉前如果不看一眼社交App，总会感觉有些事情没处理，睡得不踏实。

上班只要有空闲，甚至在忙得不可开交的时候，都仍能挤出时间在社交App上浏览一会儿，徜徉一段网络时光。如果有接近半个小时没有打开社交软件，就生怕会错过重要的信息和八卦，感觉会被这个社会抛弃一样。面对邻近的熟人，或许原本可以面对面进行交流，现在却宁愿通过社交软件或贴吧留言交流。

遇到网络出问题，或者遇到手机电量耗尽等无法登录社交App的时候，很多人会感受到心神不宁、坐立不安，甚至满脑子都在想朋友圈里会发生什么事情，朋友是否给自己留言，是否有新的评论，或者好友们又在网上传播了什么流行段子，更新了什么好玩的内容。

近几年，人们在社交网络上花费的时间急速增长，占据了更多的上网时间。社交网络本身满足了我们与他人沟通的需求，我们能把自己最新的情况放到网上，然后通过社交网络或App，跟自己认识或不认识的人分享。当这种分享得到一些人的肯定时，就会有强烈的满足感。但是，当越来越依赖这种工具，特别是使用它成为一种习惯时，许多人已经离不开网络了，从而出现了社交网络依赖。

有了使用社交网络的习惯后，人们由感知娱乐性、感知易用性和感知有用性发展到了感知不可替代性，比如，只有使用这些社交媒体才能获得这种乐趣／益处。这种体验会进一步产生负面影响预测。又如，如果我不及时回复，微信好友会不会不开心呢？这种感觉经过长时间多次的重复，最终形成对这种工具的依赖，离开它你就会感觉坐立不安。在这个过程中，我们经历了从认知到情绪，然后再到行为习惯的变化。在认知、情绪和行为全面依赖社交网络后，我们最终形成了依赖。

一项以589名本科生为样本的调查显示，寻求朋友、社会支持、信息和娱乐是使用社交网络的最重要动机[1]。除此之外，对这些动机的认可在不同的社会文化中被发现是共同的。韩国大学生主要通过社交网络寻求社会支持，而美国大学生则寻找娱乐。在所有社交网络用户中，34%的人被归类为成瘾者。足见这一比例之高。

二、为什么会迷恋社交网络?

先来看看社交网络的三个基本属性:实用性(Utility)。比如用微信联系家人、朋友,打电话视频等,在这一点上,社交网络可以很好地满足人们的需求。娱乐性(Entertainment)。休闲打发时间,与陌生人交友聊天,与认识的人分享自己的经历等,在这一点上,社交网络也可以很好地满足人们的需求。社交资本(Social Capital)。主要是指他人的认可,本质上就是"面子"。人是社会性动物,会用最有效的方式来获得面子,比如获得更多的粉丝、点赞、评论等。大部分的社交网络都符合"为工具而来,因社交而留"(Come for the Tool,Stay for the Network)的特征 [2]。所有的社交网络都需要付出一定的努力才能获得一定的社交资本,比如在朋友圈需要更新好玩的状态或具有吸引力的事件,转发能引起大家感兴趣的文字或视频,等等。因此,努力在社交网络更活跃,投入更多的精力能让我们收获更多的社交资本,也就是要得到大家的认可。而获取他人的认可,是我们社交活动的基本目的之一。

此外,社交网络可被用于形成和维持不同形式的社会资源。广义的社会资源是指"一个人或一个群体,由于拥有或多或少制度化的相互认识和认可的持久网络,而获得的实际或虚拟资源的总和"。桥梁型社会资源指的是人们之间基于信息共享而非情感支持的薄弱联系。这些联系的好处在于,由于各自网络成员的异质性,它们提供了广泛的机会和获得广泛知识的途径。结合型社会资源表示的是通常在家庭成员和亲密朋友之间的牢固联系。

社交网络能给我们带来愉悦感。社交网络的愉悦感来自以下几个方面：一是了解新的认知信息，这一过程和看到幽默段子的大脑反应特征是相同的；二是与他人建立联系，关系越紧密，积极情感回报越丰厚。这些机制原本是用来促使人类在原始社会更好地生存的，但在现代社会中却容易被利用。

浏览好友的资料并主动获取相关信息，能够带来一种愉悦的感受；人们在各种各样的社交网络中能够生产内容，并通过刷存在感和互动反馈以获得成就感。当一个人的朋友圈收到了很多的点赞和好评，当一个人的账号关注粉丝数量快速上升，他会收获快乐和满足。人们消费内容或跟随各种社交圈，可获得安全感。有研究发现，具有较高社会认同（即与自己的社会群体团结一致）、较高利他主义（与亲属和互惠的利他主义有关）和较高远程存在（即感觉存在于虚拟环境中）的人更倾向于使用社交网络，因为他们认为社会网络对自身的参与有鼓励作用。更具体地说，这些参与者相互依存的自我结构（即赞同集体主义的文化价值观）导致社交网络能得到广泛应用，而相对于独立的自我结构（即采用个人主义的价值观），又导致了更高的满意程度。

三、社交网络沉迷的大脑机制

研究发现，互联网上短暂而即时的信息获取会使人们更难长时间维持注意力。2019 年在《自然》(*Nature*)上发表的一项关于"社交媒体使用障碍"(Social-networks-use Disorder)的研究显示，社交媒体成瘾的程度与注意冲动（Attentional Impulsivity）的强度成正比。同时，注意冲动对社交媒体成瘾的人存在着双向影响，即有注意冲动倾向也更易受到社交媒体吸引。该研究团队还推测，网络上的新鲜刺激或许能够通过影响大脑的注意过程来削弱自控力，这种冲动会让人们追求即时奖励而忽视长期风险。人们会更容易被社交媒体上他人关注和应用的视觉刺激所吸引，从而对奖励产生渴望，这会使他们更难抑制自己的冲动[3]。

有调查发现，通过 Facebook 上面好友的数量可以预测学生对大学的适应性。有超过 200 个好友的新生在自尊、个人适应和学业适应问卷上的分数，低于那些没有那么多好友的新生。对于初来乍到的新生而言，在 Facebook 上的"好友"越多，在现实中他的朋友就越少[4]。可见，社交网络对现实生活中所谓的正常社交并没有多大帮助，甚至反而起破坏作用。

在关于大脑的研究中，有这样一个谜题：人脑耗氧量占全身的 20%，即使在什么都不干的时候也有一个特定的网络在耗能，比如默认模式网络（Default Mode Network）。当我们在看短视频时，与自我控制相关的脑区，比如前额叶等区域的活动减弱，说明自控能力在降低。同时，前额叶与默认模式网络连接的减弱还会降低个体的自控力和对意识的觉察，使人们在使用社交网络时更加沉浸忘我，且无法自拔。

四、如何应对网络社交沉迷

我们正处在"超链接生活"（Hyperconnectivity）全面到来的时代。人们之间的联系因社交网络变得更加多元，而且这种趋势得到了强化。需要承认，网络社交对原有的个人家庭生活造成了干扰，侵占了家庭成员之间的交流时间。并且，随着社交网络的普及，网络社交已经成为这个星球上使用最广泛的一种交友方式，每天都吸走人类数十亿小时的时光，而且没有人能够再回去了。

设定时间限制是让自己短暂脱离社交网络的重要策略。我们可以通过软件设置来强行限制社交网络行为，或者在朋友之间实施互相监督，以控制网络社交行为。假设关闭网络，我们很快会发现，没有社交网络的生活依然充满乐趣，我们并没有因此而失去什么。相反，我们还因此收获了一个现实社交圈。我们的快乐需要靠自己的努力来获得，而不能依赖外界。

参考文献

[1] KUSS D, GRIFFITHS M. Online social networking and addiction—a review of the psychological literature [J]. International Journal of Environmental Research and Public Health, 2011, 8(9): 3528-3552.

[2] WANG C., LEE M., HUA Z. A theory of social media dependence: Evidence from microblog users [J]. Decision Support System, 2015, 69(1): 40-49.

[3] STEWART A, MOSLEH M, DIAKONOVA M, et al. Information gerrymandering and undemocratic decisions [J]. Nature, 2019, 573:117-121.

[4] KALPIDOU M, COSTIN D, MORRIS J. The relationship between Facebook and the well-being of undergraduate college students [J]. Cyber psychology, Behavior, and Social Networking, 2010, 14(4):183-189.

被设计的行为：
网络应用的成瘾属性

一、行为成瘾

对于前面介绍的过度沉浸在游戏、短视频、购物、社交等方面的行为，有个专门的术语来称呼它们："行为成瘾"。这个词语是用来区别传统的"物质成瘾"而提出的，它特指人们不像传统的毒品成瘾那样需要摄入一定的物质，更多的则是行为上的沉迷状态。

"行为成瘾"概念刚被提出来的时候，并不被学界主流认可，也不符合大众的认知。因为在传统理解上，成瘾一定是由一种物质来刺激大脑中奖赏系统分泌多巴胺而引发的，比如毒品、香烟或酒精等。人们很难想象单纯的行为也会导致成瘾，更多是用"沉迷"来形容它们。

但随着相关研究的不断深入，从行为研究到神经科学的结论都让学界认识到这一现象的原理，并且认可了"行为成瘾"的存在。有研究者发现，行为成瘾同毒品成瘾一样，是一种对难以戒除的有害体验的深度依恋。如果一个人无法抵挡一种短期内可解决的强烈心理需求，那么长期而言它会导致严重的伤害行为，我们称之为"行为成瘾"。研究发现，那些网络游戏成瘾的人在完成一局游戏后，大脑内部的活动模式与传统毒品成瘾者的大脑活动模式具有极高的一致性，都激活了大脑的奖赏系统[1]。

网络带来的成瘾行为有多普遍？2015年辛德（Snyder）等人进行的一项调查研究表明，在美国，高达40%的人存在某种形式的网络成瘾行为，包括网络邮件、网络游戏或网络色情。对大学生的调查发现，48%的受访大学生存在此类成瘾行为，另外40%处于临界状态。并且大多数人都报告有消极后果，比如因为花太多时间在网络上，导致他们的学习、工作、人际关系等变得糟糕[2]。

大家一定会惊叹这个高比率。但我们要指出的是，这还是多年前的调查结果。近些年，随着社交软件和短视频应用的迅速崛起，这一比率进一步上升。因为它们具有更加吸引人的特征，能将人们的注意力和更多时间锁定在网络应用上，具有更强的成瘾诱因。

手机的广泛应用让手机成为一个依赖物。微软的一项报告称，2000年普通人在手机上的注意力时间为12秒，而到2013年，这一时间降到8秒[3]，已经低于金鱼的平均注意时间9秒，说明人类的注意力在萎缩。越来越多的人即便短时间离开手机也感觉慌张，生怕会错过什么内容。做什么事情之前，都是习惯性地伸手拿手机，这严重破坏了人们的长期注意力。

二、网络成瘾的标准

你或许想知道自己或你的朋友、家人是否达到"网络成瘾"的标准。下面的 20 道题是目前应用最为广泛的杨氏（Young）网络成瘾测试。你可以花几分钟时间回答一下，测验你是否达到一定的标准，以便尽早预防。

Young 的网络成瘾量表

请根据你的实际情况如实填写。

在每题后面填上合适的数字：不适用填 0；几乎没有填 1；偶尔填 2；有时填 3；经常填 4；总是填 5。

你觉得上网的时间比你预期的要长吗？

你会因为上网而忽略自己要做的事情吗？

你是更愿意上网而不是和亲密的朋友待在一起吗？

你经常在网上结交新朋友吗？

在生活中朋友、家人会抱怨你上网时间太长吗？

你会因为上网而影响学习吗？

你是否会不顾身边需要解决的一些问题而上网查邮件或看留言？

你会因为上网而影响到你的日常生活吗？

你是否担心网上的隐私被他人知道？

你会因为心情不好而去上网吗？

你在一次上网后会渴望下一次上网吗？

如果无法上网你会觉得生活空虚无聊吗？

你会因为别人打扰你上网而发脾气吗？

你会上网到深夜而不去睡觉吗？

你在离开网络后会时刻想着网上的事情吗？

你在上网时会对自己说"就再玩一会儿"吗？

你会想办法减少上网时间而最终失败吗？

你会对他人隐瞒你上网多长时间吗？

你宁愿上网而不愿意和朋友们出去玩吗？

你会因为不能上网而变得烦躁不安、喜怒无常吗？

计分细则：将每题得分相加，即得总分。40分以下为无影响；40~60分为轻度网络成瘾；60~80分为中度网络成瘾；80~100分为重度网络成瘾。

三、网络产品自带成瘾属性

面对网络社会里我们表现出类似成瘾的行为，首先需要反思的是自身不够自律，如果能很好地控制自己的行为，就能减少相应的时间损耗。但其实这一切也是被设计过的结果！因为在屏幕的背后有庞大的产业群体，其中商家雇佣了无数聪明绝顶的人，他们投入巨资来研究我们的思维规律，用尽各种套路企图把我们的注意力停留在他们的产品上。因为不论在任何时候，让我们成瘾都是暴利生意的最佳选择。

网络产品设计的初衷，就是让我们沉浸在其中时，奖赏系统不断获得刺激，以带来持续不断的愉悦和兴奋。但是，当我们从屏幕中的世界走出来，把注意力拉回现实世界的时候，兴奋感会很快消失，留给我们的只有莫名的空虚和低落。这突如其来的负面情绪会让人感觉缺失了生活的意义。为了改变这种状态，我们往往采取的措施是再一次拿起手机，打开应用，重新进入一种虚幻的愉悦中。这是一个恶性循环！在这一过程中，我们会越陷越深，最终失去反抗的意志和想法。

一个世纪以前，在英国作家赫胥黎创作的小说《美丽新世界》中，提到了一种名为"苏摩"的药物。它是一种神药，可以治愈那个"美丽新世界"中人们的逃避、空虚、低落和悲伤。于是，人们趋之若鹜，沉浸在它创造的美好世界里。

同样，它也有很强的副作用。书里描述这种药物可以让人"……没有时间坐下来去思考，即使由于偶然的不幸，在令人心里踏实的消遣之间出现了空隙，他可以服用苏摩，美妙的苏摩可以带你去遨游世界，回来时他们会发现自己已经度过了空隙……"

放眼当前世界，各类网络产品和应用就好像各类"苏摩"，它们廉价且能填补空隙（空闲时间、娱乐时间），它们让人们沉浸在各类产品世界里。唯一的区别是，现代世界的苏摩不是一粒药丸，而是以智能手机为载体的网络应用。

人们常说技术无国界，它是中立的。但没人否认技术也可以被利用来获取利益。在获取利益最大化目的的驱动下，技术一方面可以被用来制造提升个人效率的工具，但另一方面它也可以被用来制造新的"行为毒品"。在激烈的注意力竞争中，为了获得更大的商业成功，技术发明者几乎无一例外都在想办法让我们将注意力和时间投入到他们的产品上。

面对这些洞悉人类思维规律的产品，我们往往难以自制。尽管我们经常打趣自己对短视频、综艺节目、网购或游戏"上瘾"了，笑侃眼睛长在屏幕上的行为，但是在内心深处并不会将自己的各种行为与真正意义上的"上瘾"联系起来。而恰恰是这种不肯面对现实的态度，使我们缺乏必要的警醒和预判，很容易成为产品上瘾的突破口。因为我们毫无防备，才会任由这些产品侵袭和操控我们。

四、正视网络产品的成瘾属性

我们归纳了目前主要的能够带来愉悦、刺激多巴胺分泌的网络行为。随着网络技术的飞速发展，未来将会产生越来越多的更具吸引力的产品或应用。它们披着帮我们改善生活、带来愉快且方便体验的外衣，而本质上却努力让我们深陷其中。

要正视网络相关问题的严重性，对于那些与我们形影不离、给我们制造"快乐"的产品，我们应当心怀警惕和戒备。如果我们每次都是先发现问题，再引起社会关注，然后才来想解决策略，必然会让我们的行为大大落后于时代发展；等到某种行为已造成巨大危害时再来反思和改正，必将错过很多大好时机。因此，我们应该时刻警惕来自网络的应用，及早做出个人的判断，然后采取针对性的措施。

参考文献

[1] DONG G, WANG L, DU X, POTENZA M N. Gender-related differences in neural responses to gaming cues before and after gaming: implications for gender-specific vulnerabilities to internet gaming disorder [J]. Social Cognitive and Affective Neuroscience, 2018, 13(11): 1203-1214.

[2] SNYDER S, LI W, O'BRIEN J, et al. The effect of U.S. university students' problematic internet use on family relationships: a mixed-methods investigation [J]. PLoS One, 2015, 10(12):e0144005.

[3] Microsoft Canada Consumer Insights. Microsoft attention spans, Spring 2015[EB/OL]. [2023-08-08]. http://dl.motamem.org/microsoft-attention-spans-research-report.pdf

第五章 —————

网络未来

现实世界与网络世界正在进一步融合。网络在很大程度上解放了我们的双手，为我们独立思考提供了更多的途径。但现实是，它却让我们越来越失去独立思考的能力。

2021年，"元宇宙"概念大火，让人类走向虚拟社会的步伐又向前迈进了一大步。元宇宙让人类开启了第四次革命——场景革命。在其中，虚拟现实可以把人带入任何一个世界，增强现实可以把任何一件物品带到你眼前。

人类日益沉浸在自身创造的虚拟世界里，它是否会将人类带入内卷的泥潭？人类是否会放弃成为多星球的物种，而成为沉浸在网络世界里的虫子？未来的数据算法将进一步影响人类，为人类提供更具个性化的信息选择。人类是否会进一步沉溺于算法带来的愉悦体验？

迷失的价值：
喧嚣背后深度思考的缺位

一、尴尬的课堂提问

亚里士多德（Aristotle）说，人生最终的价值在于有觉醒和思考的能力，而不只在于生存。

"大家有没有思考过，人生的价值是什么？"

在原本活跃的大学心理学课堂上，在我抛出这个问题后刹那间安静了下来，仿佛正在播放的音频被突然按下了暂停键。学生们有的低头盯着课桌上的物件长久沉默，有的眼神茫然飘忽不定，大家不知道该如何直面这个问题。更多可能是诧异：一个教心理学的老师怎么提出哲学问题？他们仿佛在问：什么叫人生的意义？或者什么叫意义？

其实我也不明白为什么突然想出这个问题，它在我的脑中徘徊了很久，然后从我的嘴里突然蹿了出去。说实话，我似乎也已经很久没有认真思考过这个问题了，它就像儿时的记忆一样缥缈却坚如磐石地刻在我心里。像空谷里渐渐消散的回音，我知道它在很远的地方，但却只是隐隐约约像一个回声留在那里，因为它太遥远了。

看着学生迷茫的眼神，我突然有点后悔了，我的问题提得太突兀，与这个时代显得格格不入。我一时不知道怎样打破局面，导致接下来一段令人尴尬的沉默，我也尴尬地卡在那里。

"虽然说人生并没有什么意义，但是爱情让生活更加美丽。"正当我绞尽脑汁犹豫怎么缓解局面时，一位男生用五条人乐队的歌词打破了沉默。

同学们都笑了，笑声持续的时间大大超过了以往。在笑声中大家都松了一口气，本来脸上凝固的表情都绽开了，大家终于摆脱了一个尴尬的场面、一个伤脑筋的问题，也让课堂重新回到了不再压抑的气氛中。

二、人生价值的思考

人生的价值是什么？高中的时候，我经常是在晚上熄灯后和同学躺在被窝里讨论这个看似缥缈的问题。

其实，我们并没有讨论出什么高深的结论。因为如果把人生放到历史的长河里，单个人的意义会很渺小，甚至说没有多大意义。在浩瀚无垠的宇宙面前，人类只是一个过客；而在漫长的人类历史面前，一个人也只不过是一粒尘埃。

大家讨论最终的结论是：能够思考人生的意义，本身就是一种意义。我们之所以能够思考，本身就已经是生物演化的奇迹了。我们能思考人生的意义，更是人类社会高度文明化的产物，是千百年来人类社会发展和进步的汇聚。

大家之所以可以在被窝里这么悠闲地思考人生的意义，是因为社会给我们提供了太多。如果是在动乱的年代，能够活着就已经不易，哪里有时间思考人生的意义。思考多了大家就想，尽管我们是那么幼稚，但还是要努力回报社会和国家对我们的付出。我们改变不了历史进程，但是可以给人类进步一点微不足道的助推，让它走得更好。

有些同学还把《钢铁是怎样炼成的》（Какзакалялась сталь）的句子抄在日记本的扉页上，甚至背得滚瓜烂熟。

一个人的生命是应该这样度过的：当他回首往事的时候，不因虚度年华而悔恨，也不因碌碌无为而羞耻。这样在临死的时候，他才能够说："我的生命和全部的精力都献给世界上最壮丽的事业——为人类的解放而斗争。"——尼古拉·奥斯特洛夫斯基（Николай Алексеевич Островский）

这些思考人生的过程有价值吗？

由于生物的局限性，我们在现实世界中的寿命毕竟有限，有限的寿命不能支持无限的追求。因此，抓住一个机会，必定意味着要失掉更多其他的机会；选择一种可能，注定意味着要失去其他的可能。社会对"得到"与"失去"的比较，构成了人类社会中一切的价值。而个人对"所得""所失"的比较，则构成了一个人的价值——享受什么乐趣，承担什么责任。

因此，思考人生的价值能让我们在这个越发浮躁的世界里，努力活得更通透一些、更淡然一些，能让我们善待遇到的所有人。它告诉我们只有坚持才会有收获，告诉我们平凡也是一种伟大。

很多人都喜欢《三体》小说里的章北海，他做事冷静，目标极其明确。他永远是自己信念的主人，他明白自己生命的意义是什么。在意义达成后，即便慷慨赴死，他也在所不辞。喜欢他的原因，恰恰在于他理解了生命的意义并坚定地执行它。

三、网络时代，思考已是奢侈品

现代人，似乎越来越没有时间去思考那些看起来不切实际的问题了。

霓虹灯旖旎闪烁，将城市的夜晚装扮得绚丽多彩，尽管已经接近午夜，但远处或近处高楼上的屏幕仍执着地循环闪烁着。在很多高大的写字楼里，依然可以看到成片亮着的窗户；住宅小区的居民楼里依然有不少灯在亮着：拉开的窗户前，一个个坐在电脑桌前隐约的身影折射出他们的忙碌，他们在工作，在上网，或聊天，或打游戏。即便已经躺下了，依然有不少人在黑暗里眼睛紧盯着屏幕，刷着短视频或听着音乐，以为自己已经睡着，却迎来无眠的夜。手机的蓝光会刺激我们减少分泌褪黑素，造成入睡困难。而夜晚睡眠不足又会导致白天工作难以集中精力，于是，精神状态处于"半梦半醒"之间。

而白天只要有时间，我们都会打开手机，回着微信，听着音乐，读着新闻，或者在微信群里热情地聊天。即便是偶尔的聚会，也离不开手机的陪伴，在杯盘交错的间隙，更不忘见缝插针地打开手机瞄上两眼。短视频更是轻易占据我们任何一段碎片时间，它可以在短时间内让我们看一段内容的结尾，不用忍受冗长的中间过渡。同时，平台强大的算法推送能力，总能让我们刷到自己喜欢的视频。

这一切，都让现代人已经没有那种大段的空闲时间了，甚至连碎片时间都塞满了东西。这也就让我们无法去思考那些"没用"且"高深"的所谓人生价值问题了。

在网络社会，我们正享受着互联网带来的多元化信息。如果以前呈现给我们的是几百条信息，那么现在就可能是几百万甚至是几百亿条信息，以此来轰炸我们的大脑，让我们迷茫且难以有效辨别。正如大型超市里琳琅满目的商品让我们难以取舍，而网络上巨大的信息量更让我们挑花了眼。

相信大家都有这样的时刻，自己在朋友圈里分享的东西越多，反而感觉自己越孤独。网络社交千篇一律，充斥着很多的功利和虚伪。曾经让我们特别痴迷的朋友圈、微博，慢慢地被这些无用的社交过程充斥，让人觉得特别烦躁。朋友圈的朋友越来越多，但真正的朋友却越来越少，自己也就越来越孤单。

在很多社交软件上，大家发布的东西也往往是些毫无营养的"鸡汤"。有的抄经典，有的抄名著，有点无病呻吟，内容根本就没有什么深度或创意可言。一旦有新鲜的话题，大家就会一窝蜂地跟上去，通过话题来吸引他人的关注，进而追求内心的那种优越感，那种被关注的愉悦感。

央视主持人白岩松在回忆起他的过往时感慨："我上大学的时候是 20 世纪 80 年代，80 年代经常有很深入的谈心。但现在手机这个'第三者'的出现，让深度的谈心很难了。那时候的卧谈会，会为一首诗、一部作品、一个观念彼此争论，最后谁都睡不着，天就慢慢亮了。"现在人们的精力除了满足基本欲望之外都被网络吸附去了，真正思考的时间已经所剩无几，以致思考成了奢侈品，社交、亲友聚会成了"无聊"的代名词。

四、网络如何影响人的深度思考

科技在很大程度上减轻了人类劳动的强度，我们将大多繁重的体力劳动交由机器来完成。这些进步使普通人有了更多属于自己的时间，于是思考不再只是思想家的专利。理论上，普通人也可以有时间来思考自我、思考人生。

但现实却偏离了这一预想。科技发达了，我们的精神世界却越来越匮乏了。"娱乐至死"的理念充斥在社会每个角落，传统的伦理道德和文化观念被消耗殆尽，许多人沉浸在低俗搞笑段子里无法自拔；许多人宁愿全力在网上塑造一个理想的自我而不肯去努力改变现实中的形象；许多人宁愿沉溺在网络虚拟的关系里难以割舍却不愿意给身边的人一个微笑。

科技的进步带来生产力的发展，并在物质层面上不断满足着人类的欲望。但是，精神世界属于意识形态，无法用科技水平来衡量。甚至，目前的发展趋势是：物质世界越富足，人的精神世界越匮乏。部分人的精神世界已经萎缩到只剩下享乐这一项内容了，他们沉浸在网络带来的愉悦中而不思进取。

从根本上说，人类精神进步已经跟上物质发达的进程。特别是网络产品具有的娱乐特性，让我们越来越成为多巴胺的囚徒且难以逃脱。时间被网络应用所占满，愉悦被网络产品所控制，我们越来越缺乏深度思考的能力和时间。

在面对困难或纠结时，很多人都会告诉自己不要慌，听从内心的声音。可现实是，听从内心的声音已经成为过去时，因为内心已经没有自己的想法了。网络内容引领着我们，让我们乐在其中，而不必费神地去思考自己想要什么。自己要的不就是快乐吗，而快乐就在自己的手上，就在那几英寸的屏幕里，何必要舍近求远呢？

网络时代的重要特征之一是信息爆炸，网络逐渐成为人类信息存储和获取的最便捷通道，它就像一个巨大的图书馆，几乎具有我们需要的任何信息。因此，从信息的有效存储及获取的便利性角度看，这是迄今为止最好的时代。但是这一便利性并没有带给我们更多学习和思考的时机，反而使人类更加丧失思考的能力。

原因何在？

首先，深度思考的前提是需要长期集中注意力。但是，目前各类新奇的内容刺激着我们的猎奇本性，快节奏的信息刷新让我们失去了长时间集中注意力的可能。我们在网络上交友或刷短视频时，思考只能维持在一个极其浅层次的水平上，基本处于由外部刺激引发的简单条件反射状态，我们已经没有能力反思和跳出这一思维局限。

在网络时代，每天都会有不计其数的新闻产生并在极短的时间内传遍网络，同时每天会有不计其数的图片、视频等被上传网络。这些内容让我们应接不暇。人们在网络上能够不断地猎奇，不断地寻找新鲜的、能抓住自己眼球的东西。这些内容会吸引我们的关注，但也同样会很快失去新鲜感而褪色。于是我们就必须通过快节奏的内容切换来保持兴奋的状态。这导致我们根本没有时间将注意力集中在枯燥的思考中。

其次，思考是一项抽象思维活动，它通常需要人们的归纳总结、逻辑推理等深层次思维过程的参与。网络产品的设计初衷就是想不断刺激我们的奖赏系统，促使我们将更多时间投入其中，让我们的思维状态长期保持在浅层次的水平上，放弃集中注意力思考的习惯。并且这样的思维习惯会延续到现实生活中，甚至成为常态。比如，对大多现代人来说，即便在不刷短视频、不发朋友圈的时间里，静下心来看完 1 000 字的文学作品也非常困难。

五、大数据越来越"了解"我们

"遵从内心的想法"已经变得没有意义，因为网络将更加了解我们的偏好和需求，它甚至会比你还要更了解你自己。

网络平台对于我们的网络行为，比如每一次浏览、分享、收藏等都会收集起来进行综合数据分析，然后依据这些分析数据针对我们生成一个"用户画像"。它收集的数据越多、越全面，这个用户画像就越准确。随着我们的生活习惯越来越网络化，手机、电脑及网络已经成为生活中不可或缺的一部分。我们在网上搜索、游戏、消费、阅读、浏览等过程，都会帮助网络平台丰富这一画像，然后平台上的网络公司或广告商就可以依据这些画像，对我们进行相关内容精准定向投放。

经过一段时间的积累，网络平台上的大数据变得越来越"聪明"，大数据也使我们变得越来越透明，逐渐成为一个"赤裸的个体"。我们看到的内容已经不再是随机的，而是大数据为我们精心定制的。大数据掌握着我们的一切信息，然后给我们推送喜欢的视频、信息，推送让我们心动的产品，并及时提供我们需要的服务。我们的视野被控制在大数据预设的区域里，沦为大数据的提线木偶。

随着大数据技术的进一步发展，其应用必将渗透到社会生活的方方面面，使我们逐渐丧失决策的能力。

六、如何应对大数据应用

我们无法否定网络给社会带来的进步，但也不能无视它正在带给我们的威胁。因此，我们的唯一选择就是争做网络应用的主人：让网络成为生活的工具，而非生活的主宰。

我们要利用好大数据的优势，通过分析自身的数据来确定自己想要什么。我们大胆设想，在未来，最了解你的不是你身边的朋友或亲人，甚至不是你的另一半和你自己，而是那些看不见的大数据。

但是，恰当利用数据做决策，目前可能只有少数人能够做到。尤瓦尔·赫拉利在《未来简史》一书中指出，未来可能有99%的人会沦为无用阶层，成为提供数据来训练算法的人，而只有1%的人能恰当利用网络、支配算法而成为"神人"[1]。我对此看法并没有那么悲观，虽然网络产品和算法正在努力通过多巴胺来强化我们的行为，但它只是对一部分人的一部分行为起作用。即便网络游戏再吸引人，也只能让一小部分人沉迷其中。

人类社会的正常运转不只是靠算法就能实现的，我们有很多非理性的东西是机器和算法无法预测，也难以取代的。我们需要学会利用大数据为我们的决策服务，或提供参考。

数据和算法都必须建立在计算机语言和编程应用的基础之上，而这往往阻碍了很多人对大数据的理解和应用。但这一问题正在得到解决，最近模块编程兴起，人们不一定必须通过一行行敲击代码才能编程，利用简单的拖拽就可以完成设计并实现运行。这大大降低了应用网络的门槛，让每个人都能成为应用程序的设计高手。到那时候，会"敲击代码"已经没有那么重要了，网络应用的重心将转到"创意"上。

未来从精神层面讲，世界首富并不一定比普通中产阶层更幸福。但我们也需要认识到，是否能够有效利用大数据是划分未来人们社会阶层和地位的重要标志，它决定了我们是网络应用的主人，还是多巴胺的囚徒。正如本节开头提到的那样：人生的意义在于我们能够独立思考。

参考文献

[1] 尤瓦尔·赫拉利. 未来简史 [M]. 林俊宏 , 译 . 北京：中信出版社，2017: 1.

元宇宙:
让人类文明走向内向封闭?

一、元宇宙概念的兴起

2021 年网络上大火的词语首推"元宇宙",并且这一概念还在持续升温。元公司(Meta)推出的虚拟现实世界地平线世界(Horizon Worlds)正式开放,多家元宇宙房地产平台上的土地拍卖价格飙升。同时,斯坦福大学推出了基于元宇宙的课程"虚拟人",国内多家公司开始布局元宇宙产品,元宇宙概念相关股票大涨[1]。

元宇宙是一个由数字化身的三维空间,是以虚拟现实和增强现实等技术手段构建的一个与现实世界类似的平行世界。虽然互联网就是人类构建的一个虚拟世界,人们可以在里面社交、购物、游戏等,但是传统互联网还仅限于二维的虚拟世界。而元宇宙是人类正在构建的三维乃至四维虚拟世界,其中的功能和体验将更加丰富,不仅可以完成社交和购物等操作,更重要的是各种生理和感官的体验将更加逼真,几乎等同于我们现在生活的世界。

一个平行于现实世界的人造空间正在诞生,既平行于现实世界又与现实世界互通,人们可以在其中进行真实的社交和工作。

随着传感器技术的发展，人们穿戴各类传感器，并利用虚拟现实头盔、视觉、听觉虚拟等设备，便可构建一个完整的反馈系统。它与传统的互联网提供的反馈不同，在元宇宙里你不仅能"看到"各种东西，还能体验到身体上的各种痛苦和愉悦感。

这些情况可能使很多人想起了《黑客帝国》《头号玩家》等电影，应该说它们就反映了某种元宇宙的形态。比如，《黑客帝国2：重装上阵》中有一句意味深长的台词："你看，我知道这块牛排并不存在，但是当我将它放进嘴里，矩阵会告诉我的大脑，它是如此的鲜嫩、多汁。"元宇宙的特征就是，虽然它的内容是虚拟的，但是给我们的感觉却是真实的。因此，我们通过传感器及相关系统可模拟视觉、听觉、表情动作等（目前已基本实现），还可模拟嗅觉、触觉、味觉、痛觉等（目前尚未实现）。

二、元宇宙如何影响生活

面对这样一个新鲜事物，很多人首先会想到，元宇宙是否会让人类沉浸在对现实社会文明没有意义的行为中，在封闭的虚拟世界里消耗时间和精力，最终导致整个人类文明停滞不前，并失去探索外太空的意愿和勇气。极端的观点认为，元宇宙会让整个人类文明陷入内卷：人类沉浸在对文明进步没有意义的竞争中，在封闭的系统里面不断地内耗。

这种担心是有道理的！

如果把人类的情景回放到 20 世纪 60—70 年代，那时的人们已经想象过，半个世纪后的人类可能成为多星球的物种，星际航行、深空探索都将是 21 世纪的标配。然而现实是，回顾过去几十年的重大科技进展，互联网相关应用占据了非常大的比重。互联网公司的市值也长期霸占着财富排行的顶端。人类的航天科技不但没有大的发展，反而有不断萎缩的态势：空间站退役，航天飞机退役，大推力火箭退役，人类不但没有登陆火星，甚至连月球都没有再派人登陆过，更别提星际航行这类遥不可及的科技开发。

人类越来越将关注的核心聚焦于互联网构建的虚拟世界。目前，二维的网络虚拟世界已经让很多人深陷其中，并让人们失去了独立思考的能力。元宇宙所带来的三维甚至四维的世界，再加上各类传感器的应用让人类的体验更加真实，这必然会吸引更多人沉溺其中而对现实世界失去兴趣。在这一趋势下，即便人类文明不内卷，元宇宙也必将大大削弱人类解决现实世界问题的动力，人们更难以将大量的金钱和时间投入到难以短期看到回报的宇宙探索中。人类文明可能开始向内收缩，而不是向外扩张。

元宇宙的确能够创造让人娱乐、休闲甚至用来提升工作效率的工具。但是，如果从人类文明的角度看，或从扩展人类知识和生存空间的角度看，元宇宙更多只是创造了一种电子符号，对拓展人类生存空间、增强人类文明的弹性几乎没有任何意义。对于人类生存的这个地球，无论我们如何保护，它的资源总有一天会被用光。而扩展资源的重要方式，甚至唯一方式是向外探索，到外太空去发掘更多的资源，以延续人类的文明。相反，这种由电子符号"构建"的文明形态，对抵御人类文明危机、扩展人类生存空间几乎没有任何帮助。

有人会反对这一观点，认为元宇宙不但不会削弱人类探索宇宙的活动，反而可以帮助我们更好地认识外太空。他们的主要观点是，借助能模拟宇宙运行的元宇宙和全息投影，可以创设更直观的沉浸式课堂体验，会让课堂有更佳的教学效果，以激发学生的好奇心，增强学习效果。甚至，面对现实生活中的问题，元宇宙还能为受制于物理时空的内容提供虚拟的结局方案。

这一论断的确说出了元宇宙可能给人类带来的好处。但任何事情都是利弊相依。就像最初人们想象 Pad 进课堂可以提升教学效果一样，我们发现，它只不过是让学生在课堂上多了一个分心的设备，学习效果并没有真正得到提升。很多人买电脑的初衷是为了学习知识，但最后电脑却成为一个上网和娱乐工具而已。元宇宙或许能给我们带来学习上更加直观的认知，但也能吸引人类将更多的精力和财力投入到数字符号之中。人类的精力和资源是有限的，投入到一个方面必然会降低另一方面的投入，因此从拓展整个人类生存空间的角度看，元宇宙是弊大于利的。

也会有人反驳说，开发元宇宙和探索外太空不是一个单选题，我们可能是双赢：元宇宙能帮助我们探索外太空。这可以解释为什么很多国家持续多年在载人航天、太空监测等方面投入资金；而民营企业，包括太空探索公司（SpaceX）在内的许多商业公司也一直在尝试制造火箭、发射卫星、探索火星。我们不得不说，这种双赢预期有些太乐观。虽然很多国家还在支持太空探索，但是资助额度却在不断降低。以美国国家航空航天局（NASA）为例，他们的预算几乎年年在降低，只能维持较低水平的太空探索。在私人公司，特别是在 SpaceX 这种企业中，更多是科技狂人的个人兴趣在推动开发，当前有马斯克，但这并不表示未来一直会有马斯克这种人出现。

目前即便有大量的民间资本去追逐元宇宙，短期内美国国家航空航天局也会继续开发下去，马斯克的 SpaceX 还会继续造火箭。但是资本是逐利的，如果越来越多的人将兴趣投入到元宇宙里，它必将吸引资本的关注和投入。人的关注能力是有限的，过多投入虚拟社会必将削弱对社会其他领域的关注。于是，航天、火箭将会被边缘化，改造现实社会的投入也会降低。因此，目前元宇宙可能仅仅成为政府规划内容和少数精英的个人爱好，而不是整个社会的未来。

假设元宇宙未来能够成功，其结果即便不是人类"内卷"，也会让人类社会走向封闭。

三、元宇宙是否会让人"躺平"

元宇宙第二个被质疑的地方是，它可能会让人在现实世界中"躺平"。

"躺平"这个词也是最近的网络流行语,它描述的主要是一种自我放弃的生活状态。其中最典型的是"三和青年"的行为。生活在深圳三和的这些年轻人发现,打工是改变不了命运的,既然如此,奋斗的意义何在?于是,他们索性什么都不干,活在当下就行。他们典型的生活方式是干一天玩三天,吃最便宜的饭,白天打游戏,晚上睡大街,以最大程度节约生活费,实在不行了才去打一天工。

在现实生活中,人们必须工作或付出努力,才能获取想要的东西。而在元宇宙里,只需要付出较低的努力,却能收获足够的愉悦刺激。因此,元宇宙特别适合想要躺平的人。但是,它会让那些在现实生活中想要躺平的人躺得更平吗?既然元宇宙提供的是虚拟体验,在虚拟世界里人的欲望自然就相对轻易地得到满足(如果比现实世界还要困难,何必来这里受苦!)。只要进入元宇宙,即便你在现实中睡街头,但在虚拟世界里你可以住海景别墅。即便你在现实中饥肠辘辘、营养不良,但在虚拟世界里你吃着美味大餐。更重要的是,还能真的体验到美味。对于这么美好的体验,除了"三和"青年,很多人也已经动心了。有部分人可能想一直沉浸在元宇宙里,不再思考如何改变真实生活,从而在现实世界里彻底躺平。

尽管元宇宙里有很多东西是免费的,轻点屏幕就可以拥有一切,但同样需要人们用时间或劳动来换取。比如,想要海景别墅,就必须购买地皮,然后再用时间来搭建别墅。这只是要求你在虚拟世界里"劳动",但这对现实生活却没有任何改变。即便在虚拟世界里再勤劳,也并不能改变你在现实里已经躺平了的事实。比如,目前有很多人因为情绪问题而沉迷网络游戏,即便他们在游戏世界里很努力,也不能改变在现实世界里遇到的情绪问题。同时,过度沉浸在游戏世界里甚至还能让人不再想到现实世界中去面对情绪问题。

如同网络游戏一样,元宇宙是一个"产品",它必然会研究玩家的心理和生理规律,并创设恰当的愉悦体验,努力让玩家将更多时间留在这个虚拟世界里,让更多的人成为多巴胺的囚徒,深深陷入网络虚拟世界中难以自拔。虽然"三和"青年在现实世界里已经躺平,但他们还需要偶尔工作来满足物质需求,即便是最低层级的需求,也要付出一定的努力才能实现[2]。

可以说,元宇宙为人们"躺平"提供了方便。它不但可以吸引那些在现实里已经选择躺平的人,还会大量吸引潜在的躺平的人。他们对现实生活没有过多目标,于是进入这个虚拟世界里进行"劳作",而选择在现实世界中躺平。毕竟,虚拟世界里的体验依然是真实的。可是,即便在虚拟世界里"勤劳",但创造的仍然只是电子符号。从人类文明的角度看,既没有拓展人类知识的边界,也没有扩展人类的生存空间。如果越来越多的人陷入其中,必将促使人类走向封闭。

四、元宇宙的未来会怎样?

本书从多个角度分析了短期的愉悦刺激和强化让人对网络相关内容和产品欲罢不能,并与之深深捆绑,逐渐成为"多巴胺的囚徒"的原因。而元宇宙又进一步强化网络在这方面的作用,它不但让我们体验到愉悦,还能将现实中的内容投射到网络中,在虚拟世界里构建一个可以带来真实刺激的体验场景。其结果必将是让更多的人深陷其中。

目前元宇宙尚未开发出比较成功的体验方式,仍然以网页互动来呈现,并在此基础上添加虚拟现实的成分。但是,各路资金已经疯狂涌入这一市场,从软件层面到硬件层面都在重金投入,这必将进一步推动软硬件更新迭代速度的提升。这种趋势很难因个人的意愿或单个国家的政策而改变。

如果未来元宇宙技术更加成熟,就会逐渐形成自己的生态。就像当年北美地区本来作为英国的殖民地而存在,但是它逐渐自我完善、自给自足,与原来宗主国逐渐疏远,最终脱离英国而独立。元宇宙也可能会重复类似的历程。最初的时候,元宇宙建立在现实之上,必须与现实世界建立联系,但是它会逐渐自给自足,与现实世界的联系也会逐渐疏远。当它发行自己的加密数字货币,建立自身的金融秩序,甚至拥有独立的暴力机器(比如机器人队伍)的时候,它将拥有更多的话语权。

面对元宇宙汹涌来袭的大势,我们要努力保持清醒,做时代的受益者而不是盲目跟风成为产品的囚徒。就像网络社交软件或网络游戏一样，元宇宙必将吸引部分人沉溺其中，但是仍然有大部分的人会与这些应用保持距离，不被其吸引，在保持适当体验的同时不沉迷。不同的是，元宇宙提供更具吸引力的体验和更加丰富的场景设置，必然会吸引更多的人沉溺其中。

无论怎样，我们仍然坚信会有大量保持清醒的人在维持着现实世界的运作，推动人类文明继续向前。如果我们在这一过程中能保持清醒，则可能成为受益者和推动者。

参考文献

[1] 中国社会科学网 . "元宇宙" 解析 [EB/OL]. [2023-08-08]. https://baijiahao.baidu.com/s?id=1729338881562621670&wfr=spider&for=pc.

[2] 田丰，林凯玄 . 岂不怀归——三和青年调查 [M]. 北京：海豚出版社，2020: 7.

算法：
人工智能统治未来？

一、算法的兴起

计算机算法是计算机解决问题的方法和步骤。解决不同的问题，需要不同的算法。就目前来说，算法更多掌握在应用服务提供商手中，它们通过各种渠道收集人们的各类信息，然后依据所掌握的信息对用户的选择进行预测，并推荐用户感兴趣的内容或商品。

举个简单的例子，比如你在网上输入了"萝卜"一词（或点击了萝卜相关的内容），各个应用会依据你输入的内容进行评估，然后推荐给你相关内容。评估的角度主要从以下几个方面切入。

（各个网络应用的算法是绝对保密的，是它们最核心的内容，本书只是举例说明算法的思路。）

输入"萝卜"。

第一，文本解析。

解析：① 它是一种蔬菜；②植物；③餐饮材料；④输入这一词语的时间（比如，是否做饭时间？）。

第二，匹配个人特征进行理解。

解析：①用户历史上搜索类似蔬菜名字时是倾向于去购物还是了解植物的特征；②用户的职业、兴趣、年龄、性别等。

第三，匹配环境特征进行理解。

解析：①搜索是来自商业街还是住宅区；②工作日还是节假日；③天气状况（阴天时有更多网上购物）等。

通过综合上面的内容，算法会给出一个预估，然后给出推荐结果。比如算法综合各方面因素，最终的理解是：老爷爷（年龄）准备周末在家下厨，准备购买萝卜做菜用。于是，算法在推荐给他萝卜的同时，顺便也推荐其他蔬菜肉类等。

这一推荐只是开始。当我们对算法推荐的内容进行点击查看时，就会给算法一个反馈，为下一次推荐提供了判断依据。算法是一个依据结果不断迭代升级的过程。依据类似的原理会发现，我们在网络上留下的数据越多越全面，算法给我们的推荐就会越精确。同时，我们应用的次数越多，给算法的反馈就越多，算法的推荐也就越精确。

二、算法对人的影响

算法已经涉及网络生活的方方面面：价格算法影响着人们购买商品的种类和价位；导航算法影响着人们的出行；外卖平台算法在计算人们收到外卖的时效，也在控制骑手们的劳动状态。大多数婚恋网站用算法来进行姻缘匹配。新冠疫情下的健康码，也是综合算法的产物，评估着人们感染病毒的风险。

算法依据的是数据，包括我们个人的数据以及整个人类行为规律的数据。当前我们越来越依赖网络，购物、搜索、交友、出行等都在不断给算法提供数据，最终使它的推荐更加合理、精确。

算法通过各种渠道收集用户数据来建立用户模型，使用户成为算法分析的对象。社交网络的普及，也在进一步推动人们以文字、图片、短视频和直播等各种形式进行媒介化表达。这种表达的结果同样也是基于数据，这些数据与虚拟实体一起共同构成了个体的数据化模型。

算法的出现，让很多人担心未来的工作可能会被替代。比如，比人反应快得多的计算机，完全可以代替数据分析员和交易员；比人冷静且理智的计算机，更能代替医生开出准确无误的药方；比我们博学的计算机，可以写出逻辑更强的文章。的确，算法及其构筑的人工智能（AI）势必会影响到从事重复性劳动的人们。比如流水线上的产业工人，普遍缺乏技术含量的驾驶员、售票员等。

算法可以帮助个人做决策，这也威胁到我们未来自我决策的能力。随着算法和人工智能的发展，人类最终有一天会发现，在决策上，算法的准确性已经超越人类。于是，我们会逐渐将自己更多的选择权交给算法，或交给人工智能。同时，算法还能够不断迭代，对我们的了解越周密，做出的决策就越符合我们的特征，甚至会比我们更了解我们自己，做出的决策也更加理性。

尤瓦尔·赫拉利在《未来简史》中将人工智能和我们的关系分成三步：第一步，算法相当于我们身边的先知，你有什么问题可以问它，但决策权在你手里。第二步，算法相当于我们的代理人，它可以告诉你一个大的方向和原则，由它去执行，执行中的一些小决策也由它说了算。第三步，算法成了我们的君主，你索性什么都听它的 [1]。

在人类学中，人本主义强调以人为本，认为人的意识最重要，每个人都有表达和选择的自由，都有渴望和追求美好生活的自由，都有平等的权利。但是在未来，随着人工智能和算法的快速迭代，算法将有代替我们决策的趋势。人类最终将进入新的社会秩序阶段：数据主义阶段。在这个阶段，我们更多变成了执行算法的躯壳。人类由最初相信上帝，到人本主义相信我们的自由意志，再到相信基于数据的算法。我们会再一次将选择权拱手让出。

不但在选择上，在个人的行为上，算法也会精确预测我们的需求，提供更多更个性化的内容。为了让我们喜欢它的决策，算法会不断创造条件来刺激我们分泌多巴胺，以强化这一行为。又如，我们输入了"篮球"一词，最初可能只是想看看关于篮球的教学视频，但是网络却向我们推荐了许多篮球的其他精彩视频，我们忍不住点进去看。然后，网络又依据我们的反馈继续推荐更多相关的视频，于是我们将更多时间放在看篮球其他视频上，而自己原本是来看篮球教学视频的。在这一过程中，算法参与了我们行为的形成和塑造过程，我们是在和算法不断互动过程中形成了个体的现在模样。

从这个角度讲，似乎未来谁掌握了算法谁就能最终统治人类。尤瓦尔·赫拉利创造了一个词语来形容这样一批人，即"神人"。他们已经不再是普通人了，而是掌控了算法并通过生物技术战胜了死亡、获得幸福快乐的人。他们才是未来世界的主宰者，是人类进化的新物种。到那时，社会的不公平会更加剧烈，他们会成为金字塔的顶层，不会被人工智能控制，而成为世界新的统治者。

而在与之相反的另一个极端，是那些在算法操纵下逐渐丧失自我决策的人，他们会成为一群仅仅能提供"数据"的人，他们对整个社会已经没有多大用途，甚至连被剥削的价值都没有，因为机器已经替代了他们的工作。对于这一类人，他们的生活中已经充斥了人工智能，无论是出行还是饮食，或工作，都被人工智能安排好了。他们生病的时候，人工智能知道如何救治；他们不开心的时候，人工智能可以逗他们笑；他们无法集中精力的时候，人工智能可督促他们好好干活；甚至当他们感到无聊时，人工智能还能陪他们开心。

作家郝景芳在其获得雨果奖的短篇小说《北京折叠》中，描述了未来社会各阶层在空间和时间上的隔离状态。其依据算法推测，未来人类社会内部可能会出现可怕的"黑暗森林"，人与人之间的差异、社会不同阶层之间的分裂和不平等将会比折叠的社会更加可怕。甚至，普通人会成为"神人"圈养的家禽或宠物，"神人"可以轻而易举地左右我们的生活乃至生死[2]。

或许人们会说，这一切离我还很遥远。但这一切其实已经露出端倪。比如，购物网站已经掌握了我们的购物趋向，包括几年前买过一双几块钱的袜子，而我们早已经忘得一干二净，但是算法不会遗忘；社交网络已经掌握了我们大量的社交细节、言语风格、社交取向；订餐软件也已经掌握了我们曾经吃过的所有餐饮记录。这些数据都存储在算法那里，成为算法的训练素材。算法依据这些数据给我们推送内容，然后我们对推送的选择还能进一步训练算法。

算法的迭代是无休止且不需要休息的。据说，在围棋上击败李世石（이세돌）的围棋 AlphaGo 可在一个晚上与自己下上百万局棋，它还同时调整参数从中受益。并且这一迭代过程可以一直持续。当一个月后再战，一个月后的棋手还是原来那个棋手，而一个月以后的 AlphaGo 已经不是以前的那个 AlphaGo 了。依照这样的进化速度，人工智能超越人类只是时间的问题。

到那时，越来越多的人将会主动交出决策权，把自己的行为交由人工智能来安排。为了让电脑更加了解我们，我们可以主动把隐私公布在网络上，或者将自己的所有事情都告诉电脑，这样之后，电脑的存储和分析会比你自己的记忆和分析更加准确。

可是，在享受这种便利的同时，我们实际上成了人工智能的傀儡，已经丧失了自己的意志。我们的所有决定、思想都被人工智能控制，因为系统比我们自己更了解我们，听从算法我们才能生活得更好。可是，这一切是我们的主动选择，我们享受着计算机为我们设计的一切，包括愉悦体验，我们就像被驯化了的家畜一样，缺乏独立的思考。

三、算法与未来人类

上面的结论是否听上去很消极？未来社会真的要被算法和人工智能统治？

尽管这些推理或许有些危言耸听，也或许有些悲观，但这些推理都是基于对算法和网络特征的合理归纳以及推理之上的，很多观点也被过去几十年网络和人工智能的发展证实。没有理由否定未来人类会走向这样一个结局的可能性。不过，我们应该相信人类的命运不会如此惨淡，人类文明应该会继续乘风破浪，会征服整个星系。科技的进步无法给予明确方向，未来也是无法预测的。

尤瓦尔·赫拉利在谈及未来时认为，人工智能近乎无所不能，它将全面取代人类的工作。显然，他的观点是错误的，是某些历史学者天马行空的想象，也是近似科幻小说的思考。这些思考只会让人感到无端害怕，反而不利于人类恰当地认识人工智能，甚至怀疑人工智能的未来。

尤瓦尔·赫拉利观点错误的原因在于，他并没有考虑到 AI 的局限性。算法或 AI 未来会怎样，首先要问那些战斗在一线的、头脑清醒的计算机科学家和工程师。

许多计算机科学家认为，现在的 AI 存在种种缺陷，且在短期内难以克服。

首先，算法只能依据已有的数据和行为进行判断。也就是说，算法只能依据我们过去的行为和选择进行推算。但是，人类常常不拘泥于过去，会不断尝试新鲜事物，会经常性地打破常规。而一旦打破常规，算法就无法对我们的未来行为进行预测了。比如，依据你的过往数据，算法推荐你吃火锅，但是你今天就是突然想吃煎饼果子，这没有原因。

AI 表现出的功能或行为是由训练数据所决定的。训练 AI需要数据，但不是什么数据都能用，必须得是有内容、有答案的数据才能作为训练数据。因为训练完全依赖于以往的数据，导致 AI 天生就具有"歧视"的特性。比如，美国的统计数据表明黑人的犯罪率更高，那么当 AI 试图判断一个人犯罪的可能性时，黑人一定就会吃亏。当负面数据占比较高时，负面数据对应的内容自然而然就会被认为是大众的、主流的。比如，当初微软（Microsoft）推出"小冰"人工智能的时候，很快被网络上的人们训练成"污言秽语""道德沦丧"的个体。其中很重要的原因是其在网络上的各类负面数据非常多。

其次，AI 不知道自己做的事情，AI 没有道德感。当一辆自动驾驶的汽车遇到危险时，到底是应该优先保证车内乘客的安全，还是应该优先避让车外的行人？这样的问题必须由人类手动操作处理。

当前具有自我学习能力的人工智能开始流行，旨在让计算机学习人类行为并改善自身。但是人工智能系统十分复杂，最终就连设计它的工程师都难以分辨某个具体行动背后的逻辑。目前人们还没有找到一种明确的方式来设计出这样的系统，从而随时解释它每一步行动背后的原因。面对这些我们无法清楚理解的过程，其中是否隐藏着危险因素难以得知。

因此，人工智能不过是以前"机器"功能的延伸。机器学习只是它要掌握的最基本的技能，真正的智能需要拥有自我学习和思考的能力，需要拥有类似人类的情感标准，还需要拥有人类的道德观和价值观。而这一切都十分困难。单说做情感判断的过程，就需要依据人类的基本常识才能进行，而常识能有多少条呢？

人工智能公司 Cycorp 有个项目叫作 Cys，它的目的就是列举人类的常识，然后告诉 AI。这些常识在我们看来稀松平常，根本不需要去辨别，也不知道我们是怎么学会的，但它们却是人们日常生活和行为判断的基础。比如，下面这几条都是常识：

一个人每过一年就会老一岁；

一个人不能同时身处多个地点。

你看出来了，这些问题都特别简单，我们早已把自身作为思考的基础。这类常识有多少条呢？在 Cys 项目系统中据说已经超过 1 500 万条。我们可能感觉这已经是天文数字了，但依据 Cycorp 公司判断，这只占最终进行 AI 思考所需常识总数的 5%。

这些常识重要吗？非常重要！如果不知道"人过一年老一

岁"，那么就无法理解人类的成长过程，以及人类对时间的认知。如果遗漏一些基本常识，AI 在判断的时候可能就会做出某些反常的决策。我们能穷尽各类常识，然后告诉计算机吗？起码目前看来这是一件极其困难的工作。

退一步说，即便有一天计算机掌握了所有的常识，它能思考吗？不能！因为在我们的思考中其实有很多矛盾的东西。面对这些矛盾人类认为没有大问题，因为我们会依据具体的情境、我们和对方的关系、我们想表达的意思等对常识内容进行综合处理，以理解其中的意义。但这对机器而言却是个难以逾越的门槛。比如我们劝人不要着急行动，就会说要"三思而后行"；同样我们劝人要行动，别迟疑，就会说要"趁热打铁"或者"一鼓作气"。这两种做法是相互矛盾的，要 AI 怎么取舍呢？

因此，在这些"常识"出现之前，人工智能都只能是"人工"智能，只能是为人类服务的工具。因为，它的运作还需要人类帮助过滤数据，分离数据并干预结果。

再次，人类最简单的识别过程对算法或人工智能来说，都是海量的工作。谷歌曾经训练电脑无须接受人类的培训和指令，而是利用内在算法从海量数据中自动提取信息来学会如何识别猫咪。为了完成这个连出生几个月的婴儿在几秒钟内就可以完成的工作，谷歌 X（Google X）部门动用了大量工程师，使用了 1.6 万片处理器构建了一个庞大的系统，用于模拟人类的大脑神经网络才完成了任务。但这只是识别一只猫咪，这个世界上的物品有多少种？不同物体之间的组合、联系更是个天文数字。起码在目前，仅仅是识别物体以及它们之间的联系的计算量就是个无法完成的任务。

最后，面对算法其实人类已经在行动。与国人对隐私信息的开放和低敏感度相比，欧盟国家早已对互联网隐私保护薄弱的现状表示不满。2016 年欧盟的《一般数据保护条例》颁布，其规定：任何公司在任何时候在收集欧盟成员国公民的隐私资料时，需要得到该公民的充分知情且清晰明确的允许，而且被收集资料的一方还必须能随时请求收集方提供它们所获得的资料，并在自己觉得必要时撤销收集许可 [3]。这从法律层面上约束了网络应用搜集人们信息的行为。目前，越来越多的人开始重视个人的隐私，我们有理由相信人们会重新保护好自己的隐私，并且回归到与真正的人建立深层关系。

四、未来已至

不得不承认，科技的诱惑是强大的，有效保护自身和获取科技的便利性之间的权衡将是一个具有挑战性的工作。人类终究无法抗拒科技的力量，人们会逐渐同意甚至主动交出大部分个人隐私，以换取科技带给我们的便利性。在可见的未来，科技更多只是我们的帮手和辅助，只要能够保持独立思考的能力，我们仍然能够牢牢把握着选择的主动权。

未来已至，只要我们能够保持独立思考的能力，我们对未来就不必过于悲观。

参考文献

[1] 尤瓦尔·赫拉利. 未来简史 [M]. 林俊宏, 译. 北京：中信出版社，2017: 1.

[2] 郝景芳. 北京折叠 [M]. 杭州：浙江教育出版社，2023: 3.

[3] 欧盟. 欧盟《一般数据保护条例》GDPR [M]. 瑞栢律师事务所，译. 北京：法律出版社，2018: 5.

截至 2025 年 6 月，中国网民规模已达 11.23 亿，互联网普及率进一步提升至 79.7%，农村地区互联网普及率也增长至 69.2%。国家顶级域名 ".CN" 的数量持续位居全球第一，达 2085 万个；与此同时，5G 基础设施建设飞速发展，基站总数超过 454.9 万个，千兆宽带用户达 2.26 亿户，并已实现"乡乡通 5G"。互联网不仅是信息社会的基础载体，更已成为推动经济社会发展的关键生产力。2023 年，中共中央、国务院印发的《数字中国建设整体布局规划》指出，要奠定未来数字化发展的基础，在数字化环境之下，利用好数字经济、数字平台，数字中国建设将有力支撑实现高质量发展和两个一百年的奋斗目标。可以预见，随着生成式人工智能等新技术的普及、"人工智能 +"行动的深化以及数字基础设施的持续升级，互联网将在制造业革新、消费流通、教育创新、文化娱乐乃至乡村振兴等诸多领域发挥更为核心的作用。

互联网已经渗透进我们生活的方方面面，极大地改变了现代人的工作、生活乃至交往的方式。正是由于互联网的出现，才使得人际沟通变得更容易和及时。地球变小了，变成了一个更容易交往的"地球村"。比尔·盖茨认为：互联网就像洗衣机、电冰箱一样，已经成为人们生活的必需品。如果运用得当，能够帮助我们提高生存质量。

但他谈到的只是互联网的一部分作用。可以看到，并不是所有的人都善于利用互联网。互联网在帮助人们提升生存质量的同时，也成为很多人逃避和隔离现实生活的工具。比如，它提供了先进的交往手段、交往机会，但并不能够直接增加人们的现实交往能力，甚至伴随着网络还出现了"网络成瘾""网络孤独"等新的心理问题。

作为一个产品，网络应用在设计之初就有留住使用者的时间和注意力的动机和动力。于是，为了留住人们的注意力，网络产品设计者充分研究人类思维规律，以完善产品的设计逻辑，在所有可能的细节上实现对用户的精准刺激，并及时给予反馈和奖励，目的是让人将更多的时间投入其中。

从网络公司的角度讲，这是为了生存而做出的本能行为，不具吸引力的产品必然在残酷的竞争中走向消亡。但是，作为产品用户，却可能面临着极大的威胁。每个人都成了被设计的对象，成了互联网公司的猎物。它们通过海量的数据和严密的设计计算着我们的喜好，然后有针对性地给我们推送内容。

对于扑面而来的互联网产品，我们是有主动选择权的。但是，在个体与网络公司的博弈中，体量和影响力之间存在着巨大的不平等，如同一只蚂蚁对抗一头大象，个体的力量显得十分渺小和脆弱，个体无力与体量庞大的互联网产品对抗。因为这些互联网产品背后站着数万名精明的设计者，他们能洞悉我们的需求，了解我们的喜好，对我们产生着影响。产品背后是每年投入亿万元财力进行研发、每年产生亿万元利润的超级企业。

于是，从互联网的各类产品应用到互联网社交，互联网都在通过不断满足我们获取愉悦的底层需求塑造着我们的行为习惯，吸引着我们的注意力，让我们迷恋上这些产品。同时，它们还会不断收集我们的各类数据，然后通过算法推送我们喜好的内容，让我们进一步沉溺其中。

随着计算机技术的发展，这一趋势正愈演愈烈。在各类网络产品面前，越来越多的人成为"多巴胺的囚徒"，成为被网络产品塑造的、逐渐丧失自我思考能力的个体。网络产品越来越能满足我们获取积极反馈的需求，而我们也越来越依赖网络产品提供的选择。

如果这种趋势继续发展下去，越来越多的人或将把自己的决定权拱手交给网络，而自己逐渐成为依附互联网的人体躯壳。人类越来越丧失了独立思考的能力，不再思考自身存在的价值，而是越来越走向自我封闭，在网络里构建起一个虚拟的自我，并利用这一虚拟的身份在网上生活。我们对现实中的其他进展越来越缺乏兴趣，因为网络可以满足一个人所有的需求，人们在其中比在现实生活中更快乐。

如此发展下去，人类是否最终进入类似《黑客帝国》的社会并进入虚拟状态，沉溺在虚拟的社会里，成为算法的奴隶？这一切是否会最终导致人类文明的终结？

未来的一切由现在的我们来创造，我们必须认清网络及其产品的本性，对出现的新事物保持足够的清醒认识，对能轻易带给我们快乐的产品保持足够的警惕。这样才能让这些网络产品成为我们的工具，而不是相反，我们成为网络产品的囚徒。

云南师范大学教育学
一流学科建设成果